京都地蔵盆の歴史

村上紀夫
Norio Murakami

法蔵館

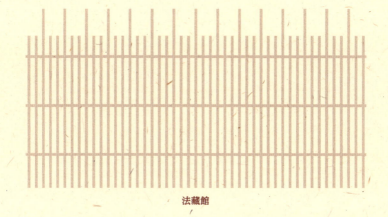

京都地蔵盆の歴史　目次

凡例

一、漢字は基本的に現行常用字体に統一した。

一、史料引用にあたっては読みやすさを考慮し、原文にない振り仮名や句読点を適宜補った。また、逆に煩瑣になる場合は原文の振り仮名や訓点などを省略した。

一、年代表記は和暦のあとに（　）で西暦を示した。なお、一八七二年の太陽暦への改暦以前は西暦と和暦は必ずしも厳密には対応していない。

一、本文で既発表の著書・論文などを示す場合、〔　〕内に執筆者名もしくは編者名と発行年を記し、参考文献は巻末に著者・編者姓名の五十音順で一括掲載した。なお、研究者の敬称は略した。

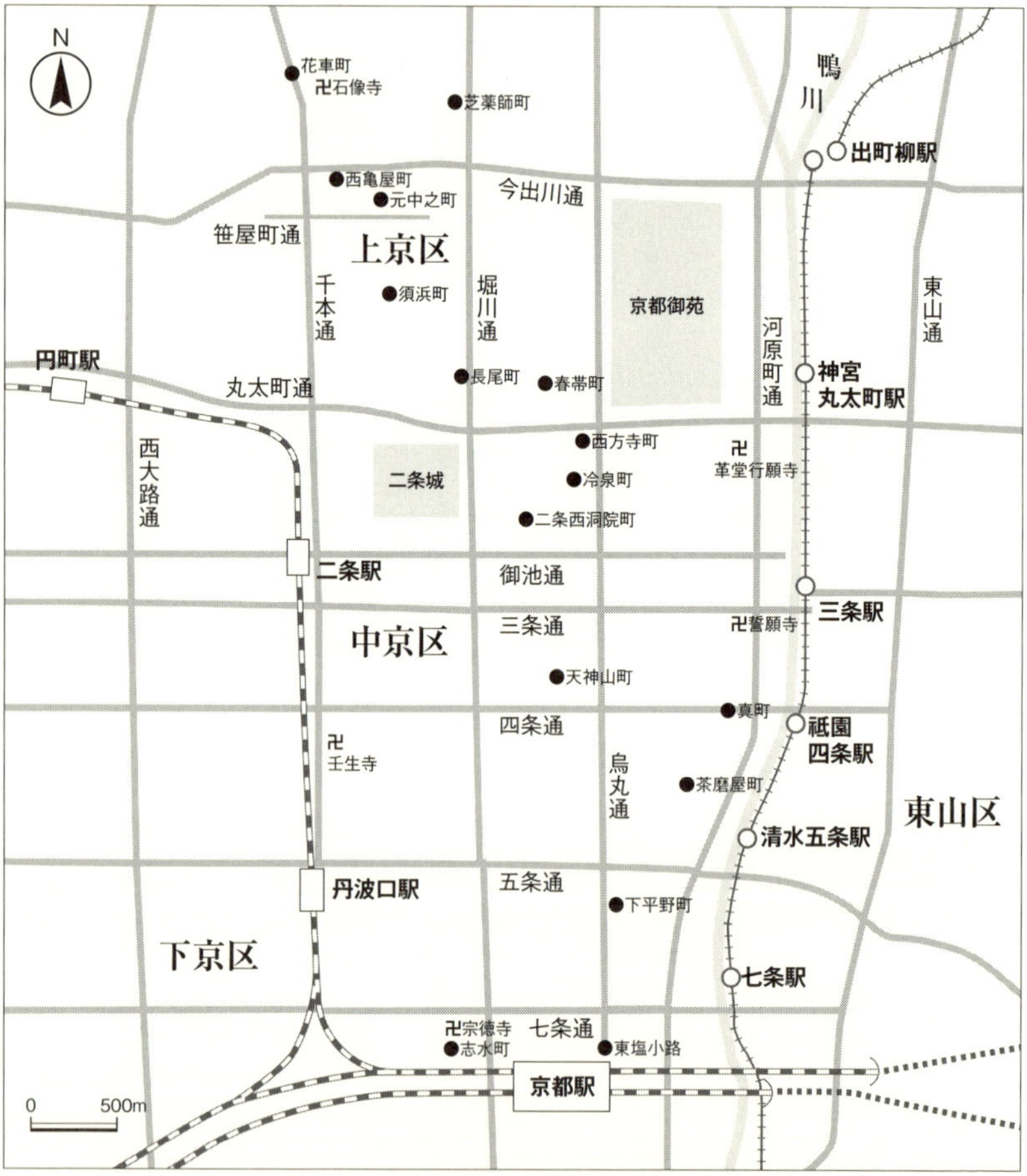

『京都地蔵盆の歴史』関連地図

序章

地蔵盆の風景

聞こえてきたのは子どもたちの歓声と大人たちの笑い声だった。

京都では、八月の下旬ごろに朝からあちらこちらで「地蔵盆」という行事が行われている。京都の耐えがたいような蒸し暑さも五山の送り火を過ぎると少し和らぎ始め、照りつけていた太陽が沈めば、いくらか涼しい風も吹いてきたように感じられる。暗くなった京都の町を歩けば、風に乗って楽しげな声が聞こえてきた。声のする方に行ってみると、行灯《あんどん》や提灯《ちょうちん》で照らされたテントの周辺で、ゲームなどの遊びに興じる子どもたちや、その姿を見まもりながら談笑する大人たちの姿が見えてくる。

「地蔵盆」とは、京都府をはじめ、滋賀県、奈良県、大阪府、兵庫県、福井県など、主に京都周辺の府県で盛んに行われている年中行事なのだが〔文化庁　一九六九〕、それ以外の地域ではあまり馴染《なじ》みがないかもしれない。

石仏や絵像や木像の「お地蔵さま」を町でお祀《まつ》りする行事である。普段は辻々の地蔵堂に安置され、町の暮らしを見まもっている「お地蔵さま」が、その時ばかりはお堂から運び出され、あるいはホコラごと運ばれてその日のために家の中やガレージなどにつくられた祭壇にお祀りされる。

「お地蔵さま」は緋毛氈《ひもうせん》を敷いた祭壇の一番上に祀られ、前には幕がかけられたり、花や蠟燭《ろうそく》などが供えられている。「お地蔵さま」の前には御膳が用意され、町内から次々と寄せられた供物も並べられていく。お供えの受付を担当している人は対応で大忙しとなる。祭壇やお地蔵さまの周囲には、奉納された提灯がいくつも吊るされ、道路には子どもたちが描いた絵で飾られたかわいらしい行灯がかけられている。

お地蔵さまのまわりでは、あらかじめ決められたプログラムにそってスイカ割りや輪投げ、水遊びなどが実施される。そのたびに子どもたちや周囲の大人たちの歓声があがる。子どもたちにとって、一番の楽しみは福引きである。クジを引いて、期待していたものが当たるか、みんなドキドキしながら結果を見まもっていた。

当番にあたっている大人たちは大変そうだが、近所の人が集まってきてあちらこちらでおしゃべりの輪ができる。当番の人も、お供えの受付が一段落したころ、地蔵盆のあれこれと続くプログラムの合間には、ちょっと一息ついておしゃべりに参加している。

京都の地蔵盆は、精霊迎えや五山の送り火といった一連の盆行事が終わったころ、八月の地蔵菩薩の縁日である二四日ごろに行われていた。現在はサラリーマン家庭が増えたため、二四日前後の週末にあわせて行われるところが多くなっている。

「お地蔵さまは子どもを守るから」とされることから、地蔵盆は一般的に子どもの祭りと考えられている。町によって行事内容には違いはあるが、「お地蔵さま」をお祀りし、

図1　祭壇にお祀りされた「お地蔵さま」

図2　祠ごと祭壇に移動して行われる地蔵盆

図3　通りに地蔵盆の行灯がかけられる

祭壇を飾ってお供えをする。数珠繰《じゅずく》りなどの宗教的行事に加え、福引きや子どもたちへのお菓子が配られるなど、多様な行事が行われている。

僧侶に来てもらって、読経などの宗教的な行事を続けているところもあるが、現在では子どものための行事としての色合いも強くなっており、福引き・金魚すくい・輪投げといったゲームやおやつ配りなどが主になっているように見えるところもある。地域の行事としては、宗教色が強すぎるとさまざまな事情で参加しにくい家庭が出てくるので、読経や数珠繰りなどの宗教色をなくして「夏祭り」などの地域行事として実施しているところもあるようだ。

また、最近では少子高齢化によって参加する子どもの数が減少しているところや、主催する大人の負担軽減のために開催時間を短縮しているところ、存続自体が危ぶまれているところがあることも耳にした。

それでも京都市が二〇一三年に市内の自治会長・町内会長を対象に実施したアンケートによれば、京都市内では七九パーセントの町で「地蔵盆」を実施しているという。

そのためか、地蔵盆のころになれば、スーパーマーケットなどでも袋詰めされたお菓子などを店頭に並べておいたり、予約を受け付けたりしている。また簡便で配りやすいこともあって、ファーストフードの店舗に昼食用として大量にテイクアウトの注文があったりもする。京都の経済にも少なからぬ影響を及ぼしているようだ。

かつて子どものころに地蔵盆に参加したことのある大人たちに聞いてみると、一様に懐かしそうにその当時の思い出を語ってくれる。一日中、遊んでいても親から叱られることはないし、お菓子をもらえたりオモチャを買ってもらえたりする。「地蔵盆は夏にあるクリスマスだった」と表現した人もいた。ただ、楽しいだけでは終わらない。多くの人は最後に「地蔵盆が終われば夏休みが終わる」と寂しい気持ちにもなったという。

このように京都の各地で広くさかんに行われていることから、地蔵盆を京都における盆行事の特色のひとつに挙げる研究者もいるほどだ〔山路興造　二〇〇九〕。だとすれば、この行事を詳細に明らかにすることは、京都における庶民信仰を理解するうえでも重要な課題のひとつであるといえるだろう。

にもかかわらず、京都の地蔵盆についての歴史研究は皆無といってもいい。民俗学者や社会学者、さらには行政や地域団体らによる調査報告書などはある。運営組織、コミュニティや町づくり、子育てへの関心の高さから現状の分析は非常に緻密で行き届いており、学ぶところが少なくないのだが、その始まりや変遷などについての文献史料を使った言及は多くない。

その結果、中世の史料を全く挙げることのないまま、古代の道饗祭《みちあえまつり》と現代の民俗との関係を論じるなど、時として超歴史的な発言が飛び出すこともあって、歴史を学ぶものとしては面食らってしまうこともあった。

そうしたなか、林英一の『地蔵盆――受容と展開の様式』〔林英一 一九九七〕は、主に滋賀県を中心に、近畿圏を丹念にフィールドワークして、地蔵盆と呼ばれる行事の受容と展開を論じた民俗学による手堅い成果である。ここでは、行事の分布や類型などを整理したうえで、「地蔵盆」の成立について論じている。全般的な分布状況や聞き書きを踏まえて、地蔵盆が「マチ」で盛んに行われており、「マチ」の行事として展開していると指摘されている。これに対して、農村地区で行われる地蔵祭祀は、先祖供養を中心とした形態をとっており、盆行事と習合している「地蔵盆」という呼称は、「地蔵祭」と盆行事が接触した農村部で生まれたのではないかと論じている。

林の指摘はきわめて多岐にわたり、かつ重要な論点をはらんでいるといえる。地蔵盆という行事について、広く目配りして包括的な議論をしていることから、同書を「「地蔵盆」研究の教科書的な著書」であるとする評価さえある〔近石哲 二〇一三〕。筆者も本書から学ばせていただいたことは非常に多かった。

しかし、物足りないと感じる部分がなかったわけではない。伝播《でんぱ》と地域社会における受容のプロセスが議論の中心であったせいか、京都府に接して、地蔵盆の分布の東端にあたる滋賀県の地蔵盆については非常に丁寧に論じている。その一方で、マチと農村部の関係に注目しているにもかかわらず、歴史的にも早くからマチであったはずの京都についての言及は希薄なのである。「その分布はあくまでも京都を中心とする近畿地方に濃密になっているといえそうである」としているにもかかわらず、である。また、多様な文献史料が参照されてはいるが、地誌や随筆などの二次史料も多く、京都の未翻刻史料など一次史料についてはあまり触れられていない。

民俗学の清水邦彦も史料に基づいて京都の地蔵盆についての歴史的考察を行っている。ここでは、地蔵盆の前身である地蔵祭が近世に再興された六地蔵めぐりの模倣であると指摘されている〔清水邦彦　二〇〇一　bほか〕。超歴史的な議論を退け、文献史料により地蔵祭・六地蔵めぐりの成立を近世としたこと、地蔵祭と六地蔵めぐりの関連性を指摘したことなど、それまで行われていた平安時代の道饗祭と一足飛びに結びつける議論ではなく、史料に基づいた歴史的考察が求められる研究段階に至ったということになろう。筆者もこの論考に触発されたのだが、清水が論じ残した最大の課題は、六地蔵めぐりについては「一六六二年頃復活したと考えられる」としているが、肝心の地蔵祭の開始時期については明らかにしていない点である。六地蔵めぐりの復活が地蔵祭に先行しているか否かを史料で確定することが、今後の焦点となってくるであろう。

一方で、歴史学の分野では、祇園会《ぎおんえ》や御霊会《ごりょうえ》については、中世都市論や町衆論、さらには政治史などの視点から重厚な研究蓄積があるのだが、どうしたわけか地蔵盆については、京都の町で広く行われているにもかかわらず、あまり関心が払われていない。その理由のひとつは、祭祀の担い手の範囲が広く焦点を絞りきれないこと、もうひとつは中世にさかのぼる史料がなく、町衆論や中世都市論など京都の祭礼研究を牽引した中世史研究者の目にとまらなかったということが理由かもしれない。

しかし、地蔵盆がこれほど広く京都の町で行われていること、しかもそれが中世にさかのぼる明確な資料を欠いていることを考えれば、いつどのように始まり、それが受容されていき、維持されていったかについて明らかにすることは、近世以降の都市京都を考えるうえにおいて重要な示唆を与えてくれる可能性がある。

本書では都市部と農村部を比較するだけの準備はないが、貴重な林英一の研究成果と問題提起をうけて、まずマチの典型ともいうべき京都、それも洛中にできるだけ対象を絞って、「お地蔵さま」を祀る行為について具体的に明らかにしていきたい。

その際には、後世の編纂物によらず、可能な限り一次史料に依拠して、社会的・歴史的な背景に目配りしていく。歴史学の方法論によって地蔵盆から見えてくる都市の文化を描くこと、これが本書のテーマである。

第一章

京都のお地蔵さま

古代から地蔵菩薩はさまざまなご利益を期待されていた。中世には足利尊氏をはじめとした武家も熱心に地蔵尊を信仰していたが、安産・延命・健康など多様なご利益から次第に庶民にも信仰が広がっていった。戦乱の時代が終わると個性的な地蔵信仰を広める宗教者などの活躍もあり、近世の京都では霊験あらたかな地蔵菩薩を祀る寺院が信仰を集め、こうした寺院をめぐる六地蔵めぐりなどが始まっていく。このような庶民の地蔵信仰の高まりが、京都で地蔵会が始まる要因のひとつであった。

一　地蔵菩薩の伝来と広がり

京都の「地蔵盆」について語る前に、こうした行事を京都の人びとが始めていくうえでの前提となる地蔵信仰の歴史をざっと振り返っておくことにしたい。

そもそも地蔵菩薩は、サンスクリット語ではクシティガルバという。クシティとは大地、ガルバとは子宮とか胎内という意味だそうである。大地に包蔵されるという意味なので「地蔵」と訳されたという。中国では、三世紀後半の晋《しん》の時代には地蔵が信仰されていたともいわれており、日本にも地蔵は仏教とともに伝わったと考えられている。

地蔵信仰に関する研究者である真鍋廣済によれば、正倉院文書のなかに「地蔵十輪《じぞうじゅうりん》経《ぎょう》」などの地蔵信仰に関する経典を書写した記録が見られることから、少なくとも八世紀には地蔵が信仰されていたという〔真鍋廣済　一九六〇〕。

『日本霊異記』などの仏教説話には地蔵菩薩が登場しており、一一世紀には三井寺の実《じつ》睿《えい》の手によって『地蔵菩薩霊験記』という地蔵の霊験譚を集成した書物が編纂され、そこから『今昔物語』に三〇話以上の地蔵菩薩に関する説話が採録されている。こうして地蔵菩薩は次第に広く認められていくようになる。

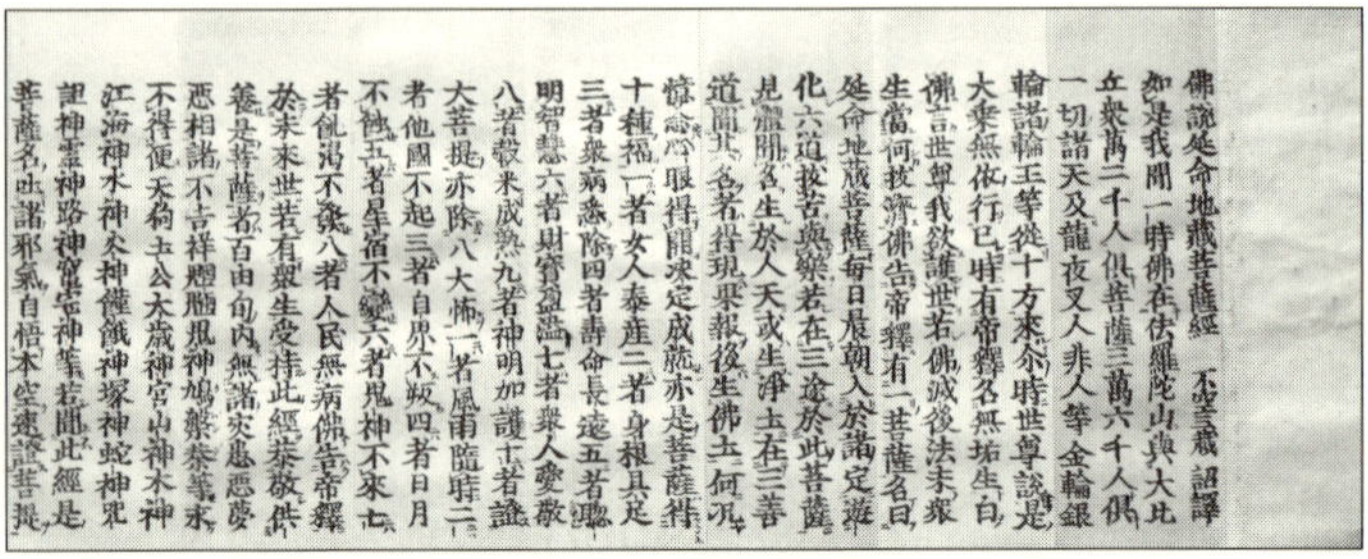
佛說延命地藏菩薩經　不空三藏　詔譯
如是我聞一時佛在佉羅陀山與大比
丘衆萬二千人俱菩薩三萬六千人俱
一切諸天及龍夜叉人非人等金輪銀
輪諸輪王等從十方來尒時世尊說是
大乘無依行已時有帝釋名無垢生白
佛言世尊我欲護世若佛滅後法末衆
生當何救濟佛告帝釋有一菩薩名曰
延命地藏菩薩每日晨朝入於諸定遊
化六道拔苦與樂若在三途於此菩薩
纔聞名生於人天或生淨土在三善
道聞此名者得現果報後生佛土何况
瞻念[illegible]得聞求定成就亦是菩薩得
十種福一者女人泰產二者身根具足
三者衆病悉除四者壽命長遠五者聰
明智慧六者財寶盈溢七者衆人愛敬
八者穀米成熟九者神明加護十者證
大菩提亦除八大怖一者風雨臨時二
者他國不起三者自界不叛四者日月
不蝕五者星宿不變六者鬼神不來七
者飢渴不發八者人民無病佛告帝釋
於未來世若有衆生受持此經恭敬供
養是菩薩者百由旬內無諸災患惡夢
惡相諸不吉祥魍魎魍神鳩槃荼等求
不得便天狗土公大歲神宮山神水神
江海神木神火神鑊鼎神塚神蛇神呪
詛神靈神路神竈宅神等若聞此經是
菩薩名此諸邪氣自悟本空速證菩提

図4　仏説延命地蔵菩薩経（筆者蔵）

大きな転換期となったのは一一世紀である。末法の世が到来するとともに、浄土教が広まっていく。極楽往生とともに対比的に堕地獄の恐ろしさについて語られていくようになるなかで、地獄に堕ちた人を救済してくれる存在として、特に民間で地蔵菩薩が熱心に信仰されるようになっていった〔速水侑　一九九六〕。

地蔵菩薩の信仰に関わっては、「仏説大乗大集地蔵十輪経」「仏説地蔵菩薩本願経」「占察善悪業報経《せんざつぜんあくごうほうきょう》」という総称して地蔵三経と呼ばれる経典があった。だが、こうした経典以上に、地蔵信仰の普及に大きな影響を与えたのが、「仏説延命地蔵菩薩経」である。この経典は早くから日本国内でつくられた偽経《ぎきょう》であろうといわれている。

真鍋廣済は、永和四年（一三七八）に書かれた書物にこの経典の文が引用されていることから、遅くとも一四世紀には存在していることを指摘し、「仏説延命地蔵菩薩経」の成立はおそらく鎌倉時代、早くとも平安時代最末期ころであろうとしている〔真鍋廣済　一九六〇〕。

　この経典に地蔵菩薩のご利益として次の「十種福」というものが挙げられていることが、その普及の原動力となった。十種福とは以下の通りである。（一）女性の安産（「女人泰産」）、（二）健康（「身根具足」）、（三）どんな病気も治る（「衆病悉除」）、（四）長寿（「寿命長遠」）、（五）聡明になる（「聡明智慧」）、（六）財産に恵まれる（「財宝盈溢」）、（七）人びとに愛される（「衆人愛敬」）、（八）米が豊かに稔る（「穀米成熟」）、（九）神様の加護をうけられる（「神明加護」）、（一〇）悟りをひらくことができる（「証大菩提」）と実に多岐にわたるご利益の数々である。

　さらに、「八大怖」と呼ばれる風雨や飢餓、さらには鬼神による害などの災いからも守ってくれるのだという。ここで挙げられているご利益を見れば、それが身分や性、職業などを問わず、さまざまな人びとの宗教的なニーズに応えられることがわかる。これこそがお地蔵さまの魅力である。また、わかりやすい現世利益も多く並んでいる。

　こうして多様なご利益をもたらすとされる地蔵菩薩は、立場を問わず多くの人びとに広く信仰されるようになっていった。

『源平盛衰記《げんぺいじょうすいき》』の「西光卒都婆事」によれば、西光法師という人物が、地蔵菩薩の信仰から「七道ノ辻ゴトニ六体ノ地蔵菩薩」をつくって巡礼したという。その場所は「四宮《しのみや》川原《がわら》、木幡《こはた》ノ里、造道《つくりみち》、西七条、蓮台野、ミゾロ池、西坂本」であるといい、のちの六地蔵めぐりにつながるといわれることも多い。しかし、ここで挙げられているのは七つであり、必ずしものちの六地蔵と一致していない。また、「四宮川原」以下の七ヶ所それぞれに「六体」の地蔵をつくったと読める文章で、近世以降の史料に見えるような一体の地蔵木像を六ヶ所に安置したわけではない。

一五世紀の『資益王記《すけますおうき》』という史料には六つの地蔵をめぐったという記述があるものの（文明一四年七月二四日条）、ここで挙げられているのは「西院《さいいん》　壬生《みぶ》　八田《やた》　屋根葺《やねふき》　清和院　正藤町　西洞院」と『源平盛衰記』が記したものとは異なっている。また、その後は戦乱の時代となったためか、六地蔵めぐりに関する史料は近世までしばらく見えない。

こうしたことから、現在行われている六地蔵めぐりを中世に始まったものとすることには慎重な意見があり〔真鍋廣済　一九六〇〕、筆者もこれに従いたい。とはいえ、地蔵菩薩に対する信仰が高まった結果、相次いで地蔵尊の建立がなされ、広く信仰を集めていたことは事実であろう。

二　中世の地蔵信仰

中世になると、お地蔵さまは武士たちからも篤く信仰されるようになっていく。地蔵が矢を射尽くした武士を助けた話や、戦闘を助けてくれる勝軍地蔵など、武士の願いを反映したような話も生まれてくる。合戦のなかに生き、殺生を繰り返さざるをえず、またそれゆえに死と背中合わせの武士たちが、死後の平安を祈って、地獄に堕ちた人までも救済してくれる地蔵菩薩を大切にしたことはよくわかる。

特に京都に室町幕府をひらいた足利尊氏は、熱心に地蔵菩薩を信仰していたことで知られている。近世の勧化本《かんげぼん》である『延命地蔵菩薩経直談鈔《えんめいじぞうぼさつきょうじきだんしょう》』によれば、京都の辻で見かけるお地蔵さまは、足利尊氏が「往来ノ男女ヲ結縁《けちえん》センガ為《ため》」に安置したものであるとさえいわれている。もちろん、これは遥か後世の元禄一〇年（一六九七）になって刊行されたもので、すでに「古来ノ伝説」とされている話なので信じるには足りないが、足利尊氏の地蔵信仰は近世になっても語り草になっていたのかもしれない。

こうした武家権力による信仰の影響もあってか、室町時代の京では、民衆の間にもいっそう地蔵信仰が高揚していく。

そうしたなか、地蔵信仰の高まりを象徴するような事件が起きた。応永二三年（一四一六）七月四日のこと、桂の里にある「辻堂之石地蔵」に不思議なことが起きたという。阿波国（現・徳島県）の男のもとに、「住所草菴」が「破壊」のため雨露が激しくてたまらず再建したいので来てほしいと小法師に告げられた。小法師に従い山城国（現・京都府）におもむいたところ「破損辻堂ニ石地蔵」があり、そこで小法師がかき消すように消えた。「サテハ地蔵是マテ同道シテオハシケル」と男はありがたく感じ、地蔵堂の再建を決意する。ところが、地元の男にことの次第を話すと、どうしたわけか相手が怒り出して喧嘩になり、阿波の男は抜刀した地元の男に追いかけられてしまった。すると、その男は狂乱し始め、さらに抜いた刀で件の石地蔵を切りつけるや腰が抜けて発狂してしまったという。しばらくして正気に返った地元の男は地蔵に謝罪して、地蔵堂の再建を約束するとすっかり元通りに治った。

この事件の噂が広まり、桂の地蔵には「貴賤参詣群衆」し種々の奉加も山のように積み上がり、あっという間に地蔵堂は再建できた。その後も霊験あらたかで盲目もたちまち開眼するといわれ、各地から人びとがひっきりなしに参詣したという（『看聞日記』応永二三年七月一六日条）。

ところが、この話には後日談がある。一〇月になって、桂地蔵を再建し、地蔵堂に奉仕していた阿波の男が室町幕府によって捕えられた。彼が阿波出身というのは真っ赤なウソで近郷の者だった。他にも七人が一緒に共犯者として捕らえられている。どうやら、地蔵の噂や盲目が治ったなどという数々の霊験のすべては、彼らがでっち上げた芝居だったというのだ（『看聞日記』応永二三年一〇月一四日条）。

　面白いのは、そうした衝撃的なできごとがあったにもかかわらず、「貴賤参詣者不相《あいかわ》替《らず》」と人びとの信仰心は変わることがなかったということである。このことを記録した伏《ふし》見宮貞成親王《みのみやさだふさしんのう》も「ご利益があるというのにどうして謀略などということがあろう、地蔵の霊験とは人力の及ぶところではない。こんなことは不信心の輩がいっていることであろう」という感想を述べている。

　また、桂地蔵の興奮もさめやらぬ応永二五年（一四一八）には、矢田地蔵堂で地蔵の奇跡が起こった。寺社再建などの費用を集めるために『平家物語』を語る平曲の興行が行われていたのだが、その真っ最中に地蔵菩薩が手に持った錫杖《しゃくじょう》を振り、仏像本体も少し動いたというのだ（『看聞日記』応永二五年三月一二日条）。聴聞に来ていた人びとは不思議がったというが、これはおそらく勧進聖たちによる演出だろう。

　こうした、地蔵の霊験を騙《かた》った詐欺事件や奇跡の演出といった行為が行われたこと、そしてそれに対して人びとが敏感に反応していることは、いかに当時の人びとが地蔵菩薩の霊験を信じ、期待していたかを表しているといえよう。まったくあり得ないと考えられていれば、詐欺が成立するはずはない。「あるかもしれない」という期待があってこそ、なり立つ詐欺である。何といっても、伏見宮貞成は詐欺だとわかってからも「地蔵霊験不可及人力者哉《じんりきのおよぶべからざるものや》」といっている。お地蔵さまへの信頼は簡単に揺らぐものではなかったのだ。

三　泰平の時代と地蔵菩薩

戦乱の時代が終わり、近世になると庶民による地蔵信仰が広く受けいれられる時代がやってくる。

一五世紀ころから一七世紀にかけて、イエの成立などにより全国的な宗教的需要が高まったことで、爆発的に寺院が増えていったことはすでに指摘されているところである〔竹田聴洲　一九九三〕。こうして誕生した寺院のなかには、霊験あらたかな地蔵尊を本尊としたり、個性的な地蔵信仰で知られるものも少なくない。

ここで、ある人物を紹介したい。浄土宗の僧侶、西蓮社岸《さいれんしゃがん》（巌）誉上人《よしょうにん》である。相模国（現・神奈川県）の小田原で生まれ、姓は都筑《つづき》氏といい、近世初頭に活躍した僧である。蓮社号・誉号という浄土宗で正式に伝授をうけた人しか名乗れない号をもっているので、しかるべき寺院で師について仏教を学んだものと思われるが、「剃髪、附法等　不知《しらず》」とその詳細はわかっていない。

ところで、伏見には少しユニークなお地蔵さまを祀るお寺がある。そこでは、地蔵尊に油をかけて祈願するという不思議な習慣があり、長い間にわたってかけられ続けた厚い油でべっとりと覆われたお地蔵さまがある。油懸地蔵《あぶらかけじぞう》の通称をもつ西岸寺である。

ここのお地蔵さまは、油のせいで姿形は鮮明ではないが、おそらくは中世につくられたものだと考えられている。元禄九年（一六九六）に西岸寺の住持が作成した由緒書によると、開山は西蓮社岸誉雲海である。もとから地蔵の霊地として知られており、いつのころからか油をかけて祈願したところ願いが叶ったので、諸人が真似をして油をかけて祈願するようになり、油懸地蔵と呼ばれていたという。一度は地蔵堂が建立されたりもしたのだが、あとも絶えてしまっていたところを、永禄年中に岸誉が住持となって再興し、天正一〇年（一五八二）に知恩院の末寺になったという。寺号の西岸寺は、西蓮社岸誉の名前からとったものだという。

この岸誉について、「石像寺と中一ヶ寺建立、行年百弐拾歳ニ而遷化《てせんげ》す」とある（『浄土宗寺院由緒書』三「山城三」）。この人物が建立したという石像寺《しゃくぞうじ》について見てみると、次のように書かれていた。

洛陽千本　家隆山石像寺
一御朱印　寺領高六石五斗余
一起立　弘仁十己亥年弘法大師開基、弘法自作之石仏地蔵有之《これあり》
一中興　慶長十九年西蓮社巌誉上人
（略）
一移住　伏見西岸寺来住
一遷化　寛永十七庚辰年七月廿五日、行年九十余
（『浄土宗寺院由緒書』七）

ここでは、空海が自作した石地蔵があったところに、西岸寺を再興した人物と同じ「西蓮社巌誉」が寺院を再興したことになっている。この石像寺は、その名の通りに中世の石仏が寺院境内に祀られているのだが、それ以上によく知られているのは、「釘抜《くぎぬき》地蔵」の通称である。ここには釘と釘抜きの絵馬を奉納する習慣があり、本堂の周囲一面に釘抜きの絵馬がびっしりと掲げられている。

中世末から近世にかけて、僧が荒廃した寺院を相次いで再興・建立をしていたことはすでに知られている（竹田聴洲　一九九三）。興味深いのは、この巌誉（あるいは岸誉）が開いたというふたつの寺院の共通点である。ひとつは、油かけにしても、釘抜きにしても非

常に個性的な地蔵信仰をもっていることである。もうひとつは、中世の霊験あらたかな地蔵をはじめとした石仏がすでに存在しており、その石仏を中心とした民衆信仰の聖地を寺院化したということである。

こうした点からすると、西蓮社岸（巌）誉上人は既存の石仏を中心に寺院とし、そこを拠点としたユニークな地蔵信仰を広めていったということになる。その遷化した年齢にも注目したいが、西岸寺では「百弐拾」（一二〇）歳となっているが、石像寺では一二〇歳ではなく、寛永一七年（一六四〇）に「九十余」歳で遷化したことになっている。

図5　石像寺（『都名所図会』巻一・筆者蔵）

もう一ヶ所、大坂谷町筋八丁目寺町にあった本誓山当知院重願寺も同じ西蓮社岸誉雲海の開山である。元禄九年（一六九六）に提出の由緒書によれば、この寺は文禄年中に西岸寺の次に建立したのだというが、そこには「寛永廿年七月廿五日、行年七十九」とある（『浄土宗寺院由緒書』巻一四「摂州乾」）。

寺ごとに没年齢や没年が異なっているのもずいぶんいい加減な話だが、これらの由緒書は幕府の命令によって知恩院と増上寺が浄土宗寺院に命じて作成提出させた公式の報告書であるから、虚偽を書くとは考えにくい。提出の元禄九年（一六九六）といえば、西蓮社岸誉雲海が没したと石像寺で伝える寛永一七年（一六四〇）、あるいは大坂の重願寺で伝承されている寛永二〇年（一六四三）にしても、半世紀程度しか隔たっておらず、生前の岸誉雲海を知っている近隣住民や檀家なども生存している可能性は高い。こうしたことを考えれば、それぞれの寺院においてそのように伝承されていたものとみておきたい。

それにしても、一二〇歳といい、九十余歳といい、いささか信じがたい没年齢である。さしあたり七九歳あたりが現実的なところであろうが、それでも当時の平均寿命からすれば相当の長命だったに違いない。

一二〇歳はたとえ白髪三千丈の類であったとしても、姿を目にした人が一二〇歳といわれれば、そうかもしれないと考えてしまうくらいには長生きをしていたということだろう。そこで、彼が盛んにユニークな地蔵信仰を広めていたことを目の当たりにしていた人びとは、「延命」地蔵のご利益であると考えたとしても不思議はあるまい。

石像寺・重願寺でともに伝えている命日が七月二五日という、のちに地蔵会《じぞうえ》が行われるようになる地蔵の縁日の翌日であることも偶然なのだろうか。

このような地蔵信仰をもった僧が、近世初頭の京都で相次いで地蔵信仰を核とした寺院の再興・建立をしていき、その宗教活動を通して地蔵の霊験、ご利益が広まっていったということもあるだろう。

少なくとも、西蓮社岸誉のように霊験あらたかな石像の地蔵尊を中心に寺院化していく活動が行われたことと、その信仰が京都において受容されたことは、のちに京都の町のあちらこちらで人びとが石仏を祠に祀ることを行っていく下地にもなっていたことであろう。

四　六地蔵めぐり

もうひとつ、近世初期の京都における地蔵信仰について語るうえで触れておかなければならない話題が六地蔵めぐりである。六地蔵めぐりは、八月の二二、二三日、新暦以前は七月に京都の六つの地蔵尊を巡拝するものである。

現在は、伏見六地蔵大善寺、鳥羽《とば》浄禅寺、桂地蔵寺、常盤《ときわ》源光寺、鞍馬口《くらまぐち》上善寺、山科《やましな》徳林庵の六つの地蔵を巡拝し、それぞれの寺院でいただいた紙でできた幡《ばん》を玄関先などに吊せばご利益があるといわれている。これらの寺院に祀られている地蔵尊像は、かつて小野篁《おののたかむら》が刻んだものだと伝えられている。

図6　山科徳林庵

鞍馬口の上善寺の地蔵尊はもともと深泥池《みどろがいけ》に祀られていたものだが、明治になって神仏分離が行われた際に上賀茂神社の所領内にあるのが問題になり、移転したものである。それゆえ、近世の『日次紀事《ひなみきじ》』などには、「六処地蔵詣」として数えられるのは鞍馬口ではなく深泥池である。地蔵菩薩を祀っていたため、深泥池は御菩薩《みぞろ》池と書かれることもあった。

今日洛外六処地蔵詣、所謂賀茂深泥池或云御菩薩池、山科、伏見、鳥羽、桂、大（太）秦是也

とある通りである（傍線は引用者）。これらは、いずれも奈良街道、西国街道、丹波街道、周山街道、若狭街道、東海道といった京都の街道口にあたり、こうした境界に地蔵尊を祀ることで外部から災いが侵入することから京都を守ろうとしているかのようにも見える。

　この六地蔵めぐりを『源平盛衰記』記載の西光法師が建立した六地蔵と結びつける見解もあるようだが、先に少し触れたように『源平盛衰記』の記載とは合致せず、少し無理が

あるだろう。

真鍋廣済は寛文五年（一六六五）「晩秋仲浣日」の奥書がある「山城州宇治郡六地蔵菩薩縁起」に六つの地蔵を上善寺とほかの五ヶ所に祀ったという話が初めて出てくることに注目する。「殊には七月二十四日は縁日たるにより、老若男女貴賤群衆して六所の地蔵菩薩に参詣す」と六地蔵めぐりについて触れていることから、「寛文年間になつてから伏見六地蔵大善寺の住僧が、企画発案者となつて他の五箇所の仏寺に呼びかけ、賛成を得てこの洛外六地蔵参りという地蔵仏事を作り上げたものと考えられる」と述べている〔真鍋廣済　一九六〇〕。

確かに、『浄土宗寺院由緒書』を見ると、六つの地蔵を祀る寺院のうち、常盤は地蔵を安置した草堂だったものを「寛永元年再興」とあるから、寛永元年（一六二四）以前は寺院としての体裁は整っていなかったことになる。一七世紀半ばに現在のような六ヶ所の地蔵尊をめぐる六地蔵めぐりが始まったという見解はありえない話ではない。

また真鍋廣済とともに梅津次郎が「山城州宇治郡六地蔵菩薩縁起」を翻刻紹介している書物では、「本縁起は当時の大善寺僧の発案にかかり、時の権力者伏見町奉行水野石見守忠貞の奥書によってこれに権威づけしようとしたものではないか」という見解も示されている〔梅津次郎　一九五七〕。真鍋らは、六地蔵めぐりを創始した大善寺住持が縁起を作成し、水野忠貞の奥書をもらって権威化することで浸透を図ったと考えていたようだ。非常に魅力的な見解ではあるが、奥書は伏見代官からのちに奉行となる水野忠貞が公務の合間に大善寺を訪れたときに「地蔵尊之縁起」を見て、感激のあまり筆を執ったという内容であり、必ずしも本文の成立時期を示すものではない。ほかに真鍋らの見解を裏付けるような史料はないだろうか。

ここで興味深いのは、『浄土宗寺院由緒書』の六地蔵上善寺の項に、縁起の内容を略述し、中興開山の頓誉について述べたうえで、次のように書かれていることだ。

一、師匠ハ頓誉ヨリ四代諦誉、伊藤氏也、寛文五年乙巳八月二十七日　仙洞院様　勅諚ニテ　院参、当寺地蔵ノ縁起ヲ差上ル、同年十月廿四日　当今様・仙洞様・本院様・女院様ヨリ撞鐘寄進、是ヨリ院参仕、天下泰平延命御祈禱ノ巻数並火防ノ御札毎年三度　院御所様方江献上、今ニ　本院様・当仙洞様・女院様江献上仕候、已上
（傍線は引用者）

傍線部から、寛文五年（一六六五）に大善寺の諦誉が「仙洞院様《せんとういんさま》」、すなわち後水尾院《ごみずのお》に縁起を提出し、それから内裏へ祈禱札などを献上するようになっていたことがわかる。

この史料が大善寺の松誉によって記されたのは元禄九年（一六九六）だから、寛文五年（一六六五）から三〇年ほどしか隔たっていない。また、この由緒書は本山・増上寺に提出した公式のものなので全く根も葉もないことを書くとは考えにくい。

大善寺には、寛文五年（一六六五）に後水尾院の中宮で徳川秀忠の娘、東福門院が寄進した鐘と鐘楼が伝わっており、この時期に後水尾院周辺に接触したことは間違いないことだろう。

つまり、時の大善寺住職であった諦誉は寛文五年（一六六五）の八月に後水尾院に縁起を見せ、その翌月（「晩秋」）に水野忠貞が縁起に奥書を記しているのである。この時期の一致は偶然ではないだろう。寛文五年（一六六五）に朝廷・幕府の両方に急接近しているということになる。また、水野忠貞は禁裏から後陽成《ごようぜい》天皇の和歌を下賜されたり、明暦三年（一六五七）に徳川家綱の正室となった伏見宮顕子（高巌院）に付き従っているなど、朝廷ともつながりをもっている（『寛政重修諸家譜』）。水野を介して朝廷への働きかけを期待していたのかもしれない。

実は、このころに三十三所観音巡礼になぞらえ、京都の観音を巡拝する洛陽三十三所観音巡礼が始まっている。これは、『続史愚抄《ぞくしぐしょう》』の寛文五年（一六六五）に「今年為勅願《ちょくがんとして》被定三十三所観音於京師或作寛文三年、謬歟《びゅうか》」とあることからもうかがえる。

また、元禄一〇年（一六九七）刊の『延命地蔵菩薩経直談鈔』には、壬生寺《みぶでら》の地蔵尊を篤く信仰していた洛陽堀川の持宝軒正勝という人物が、三夜続けて「我レヲ信セント欲セバ新タニ廿四箇所ノ地蔵ヲ順礼セヨ」と告げられる夢を見て、寛文三年（一六六三）七月二四日から「洛陽二十四箇《か》寺地蔵廻《じぞうめぐり》」を始めたという。この「洛陽二十四箇寺地蔵廻」は壬生寺の地蔵の夢告とされていることもあって、壬生寺が第一番となっている一方、六地蔵めぐりの対象となる六ヶ所はひとつも含まれていない。

つまり、大善寺の諦誉は、洛陽三十三所観音巡礼が霊元天皇の勅願によって始まったことや、民間の地蔵信者が地蔵めぐりを始めているのを見ているはずなのだ。こうしたタイミングに幕府・朝廷に働きかけて、六地蔵めぐりについて記した縁起の上覧を得て権威化をはかっていたことになる。

とはいえ、寛文五年（一六六五）以前に六地蔵めぐりがなかったとも断定しがたい。寛文八年（一六六八）に刊行された『浄家寺鑑《じょうけじかん》』という書物を見ると、「毎年七月二十四日御菩薩池より参りはしめて常盤の里迄六ヶ所の地蔵参り」について、「洛中洛外道俗男女袖をつらね踵《くびす》をつゐて参詣をしむる事 夥《おびただ》し」とある。さらに巡礼をしやすくするために誰に命じられたわけでもないのに「道あしき処にハ道を作り、橋なき所にハ橋をかけ、その村々辻辻に接待し」ていたという。寛文五年（一六六五）に始まったことであれば、そのことに全く触れていないのも不思議であるし、わずか三年間で接待まで始まるほど定着するものだろうか。

おそらくは、洛陽三十三所観音巡礼の成立や洛陽二十四箇寺地蔵廻が始まる動きをうけて、それまで少しずつ行われるようになっていた六地蔵めぐりの札所を確定し、大善寺が中心になって六地蔵めぐりの権威づけをしながら、広めていったということなのだろう。

こうして始まった六地蔵めぐりは急速に受けいれられたようだ。先に引用した『日次紀事』は貞享二年（一六八五）なので、一七世紀後半には広く行われるようにはなっていたのだろう。

こうして近世京都の七月、地蔵菩薩の縁日である二四日には、人びとは洛外に足を運び、六つの霊験あらたかな地蔵尊をめぐるようになっていった。この六地蔵めぐりの日に数多くの人が京都を一周したことは、同じ日に各地で行われていた地蔵会を多くの人が目にする機会となったはずである。そこで目にした情報はすぐさま人びとの噂となる。新しく工夫された地蔵会の行事などもこうして急速に広まっていったことであろう。

六地蔵めぐりは、地蔵会と地蔵信仰を共通する点でも重要であるが、こうした情報伝達の場となっていたという意味でも看過できない行事ということになるだろう。

第二章

地蔵会のはじまりと京都

京都の町かどでは数多くの石仏が「お地蔵さま」と呼ばれて親しまれている。この石仏は中世につくられたものだと考えられるが、「お地蔵さま」とされる石仏を中心に祀る「地蔵会」「地蔵祭」が史料に登場するのは江戸時代の初めになってからである。近世のはじめ、統一政権の誕生にともない京都は景観が大きく変わるとともに人口も増加し、都市も拡大していった。そうしたなか、地中から発見された石仏が霊験あらたかな「地蔵」として子どもたちによって祀られるようになる。

一　中世の墓と石仏

京都で広く辻や路地奥などに祀られ、「お地蔵さま」と呼ばれているもののなかには、木像、絵像などで明確に地蔵尊の姿を表現したものもあるにはあるが、多くを占めるのは石仏である。その姿形は長く風雨にさらされたためかすっかり風化してしまっており、はたして本当に「地蔵菩薩」といいきれるかどうか不確かなものが多い。

こうした石仏が、いつ祀られたかも実は明らかでない。花園大学などの調査によれば、京都市内だけでも「お地蔵さま」は現在、一万体以上はあろうかといわれている（『毎日新聞』京都版「京にお地蔵さん何体？」二〇一五年九月二九日）。にもかかわらず、上杉本洛中洛外図を初めとした初期洛中洛外図諸本や、中世都市風俗画の類には管見の限りまったく「お地蔵さま」の姿は描かれていない。

しかしながら、同じような石仏が、豊臣秀吉が築いた御土居《おどい》のなかからも発見されていたり〔中村武生　二〇〇五〕、織田信長によって焼き討ちされた近江の敏満寺《びんまんじ》（現・滋賀県犬上郡多賀町）にある中世墓地群の「石仏谷」に大量に存在している〔多賀町教育委員会二〇〇五〕。安土城のような城郭建築の石垣に石仏がしばしば転用されていることなどは、これらが織豊期以前につくられたものであることを示唆しているだろう。

中世葬送墓制史を専門とする勝田至は、仮名草子などの記述から、これらの石仏は中世に墓標としてつくられたものであろうとしている〔勝田至　二〇一二〕。例えば、京都市営地下鉄烏丸《からすま》線の工事に先立って行われた京都御所の西側（平安京左京二条三坊十六町、現・上京区春日町）での発掘調査では、一五世紀の銘を刻んだ墓碑とともに大量の石仏が出土している〔中世墓資料集成研究会　二〇〇四〕。厳密な比較検討は専門家の判断を待たなければならないが、一見する限り、ここで出土した石仏は現在の町かどで見かける「お地蔵さま」と何ら変わるところはない。

こうした御所にも近い都市域内に墓地が存在していたことには驚く人も多いだろうが、考古学の山田邦和は、鎌倉時代から室町時代にかけて、市街地に隣接した空閑地に「ゆるやかな地縁によって結ばれた」都市民を被葬者とする墓地が営まれていたことを指摘している〔山田邦和　二〇〇九a〕。山田は、こうした都市の居住区画と近接した中世墓地を代表的な遺跡から「七条町型葬地」と呼んで類型化している。「七条町型葬地」は、鳥辺野《とりべの》に営まれていた葬地とともに、中世後期に寺院が境内墓地の経営を始めていったことで衰退していくといわれている。中世の京都には、想像以上の墓が営まれ、墓標としての石仏がつくられていた可能性がある。

ただ、これらの石仏たちが、中世のまま墓標として祀り続けられていたわけでもなさそうである。近世の随筆『奇遊談』巻三上には、西洞院《にしのとういん》七条下ルの粟嶋《あわしま》明神社の西北にあった「辻地蔵」について、興味深い話が載っている。この四尺四方の台石に「長禄二年三月日、開山行阿」と刻まれているという。これは「むかしの供養塔の台石」であると著者の川口好和は述べている。

この長禄二年（一四五八）の台石というのは、実際に存在していたようだ。近代には粟嶋堂宗徳寺に移されていたようで、『京都古銘聚記《きょうとこめいしゅうき》』という本を見ると「開山行阿」と刻まれた「長禄二年三月日」の銘をもつ「石造五輪塔残闕《ざんけつ》」が粟嶋堂内にあると記されている。つまり、中世の五輪塔がバラバラになり、その最下段にあたる地輪が四角く使いやすかったからか、近世に地蔵堂の台として転用されていたということになろう。

長禄の五輪塔には「為一切聖霊」とも刻まれていたようだから、あるいはこのあたりに営まれていた中世墓地の惣供養塔《そうくようとう》として、阿弥号《あみごう》をもった時宗の僧が建立したものかもしれない。

中世から一貫して祭祀が続けられていたとすれば、このようなことはありえまい。むしろ、寺院境内墓地の展開によって中世墓地が放棄され、それにともなって一度忘れられて部材がバラバラになった一五世紀の石造物の一部と中世の石仏が、いずれかの時点で組み合わされた結果、こうした姿になったのではないだろうか。

「お地蔵さま」として祀られている石仏が中世のものだからといって、「お地蔵さま」を祀る行事が中世にさかのぼるかというと、ことはそう簡単ではなさそうである。「お地蔵さま」と呼ばれる石仏などを中心に共同体で祀る地蔵盆（近世には地蔵会・地蔵祭）と呼ばれる行事の出現については、史料で確認できるのは江戸時代の一七世紀半ばまで待たなければならない。

清水邦彦は、中世に行われるも衰退していた六地蔵めぐりが一七世紀になって復活するのにともなって、地蔵盆も一六五〇～六〇年ごろに始まったのではないかと指摘している〔清水邦彦　二〇一一a、二〇一一b〕。ここまで期間を限定するに足る明確な史料が挙げられているわけではないが、史料の残存状況に鑑みて、近世前期に始まったとみても大きな誤りはないのではないかと思われる。少なくとも、「お地蔵さま」として祀られている石仏の制作時期と「地蔵盆」の開始とは切り離して考える必要はあろう。

では、なぜ中世の石仏を「お地蔵さま」と呼んでお祀りする行事が近世前期に始まったのか。そして、像容の不鮮明な石仏たちがおしなべて「お地蔵さま」と呼ばれ、「地蔵盆」（地蔵会・地蔵祭）で祀られているのはなぜなのだろうか。

二　「地蔵会」のはじまり

「地蔵盆」（前近代の史料には地蔵会・地蔵祭）が史料に姿を見せるのは、確かに清水邦彦が指摘しているように江戸時代にはいってからのこと、一七世紀半ばになってからなのである。

寛文二年（一六六二）に刊行された中川喜雲《なかがわきうん》による京都の年中行事を記す仮名草子『案《あん》内者《ないしゃ》』には、「地蔵祭」として「今日ハ地蔵の御縁日にて、六地蔵の外の地蔵にも、供物灯明参詣あり」とある。延宝二年（一六七四）刊の『山城四季物語』にも「あるは童子の業として、道のはた辻々の石仏をとりつめて、地蔵と名付、顔白く色どり、花を手折、供物をさゝげて、地蔵祭をなすなり」と見えている。

貞享二年（一六八五）の序文をもつ黒川道祐《くろかわどうゆう》による京都の年中行事を詳細に記した『日次紀事』にも

洛下ノ童児地蔵祭リ

洛下児童各ノ供シテ二香華ヲ於街衢ノ之石地蔵ニ一而祭ルレ之ヲ、蓋《けだ》シ道饗祭《みちアイリの》之遺風《いふう》カ乎とある。

こうした地誌や年中行事書への記載から、遅くとも一七世紀後半、江戸時代の初めには広く京都の行事として知られるようになっていたことがわかる。この時点ですでに祭祀対象は「石仏」「石地蔵」であり、その主体は「童子」「児童」であったのである。子どもを主とした地蔵盆は明治からとする指摘〈田中緑紅　一九七二〉や、教育勅語に関わって児童が富国強兵策を実践する場として地蔵盆が子どもの祭りになっていったとする見解〈長尾智子・大場修・笠原一人　二〇〇二〉もあるが、このような主張は、史料を見る限り無理があるといわざるをえまい。

地蔵祭の起源について、寛文八年〈一六六八〉に刊行された『浄家寺鑑《じょうけじかん》』は次のように記している。地蔵祭・地蔵会について、比較的早い時期の史料なので、やや長文になるが関連箇所を引用しておこう。


又小童群居して地蔵祭りとて致すに元由是ある事ハ錬師《れんし》釈書《しゃくしょ》に見へたり、今畧して是を書するに江州園城寺に法師あり、常照と号す、稚歳にして自から仏像を画き、地蔵尊と号して壇上を錺り、群童を率ひて採花し供を致す、長となりて三井に修学す時に疾に染、日を経すして亡す、勇夫二人来りて常照を捕へて黒山の麓を過るに大穴あり、勇夫照を推て此穴に陥ゐる、足を上にし頭を下にして石の落て降るかことし、疾風吹て目を撲に痛言へからす、照両手を以て双眸を覆ひて既に焔王の庁に至る、四傍を顧ミ眄れハ罪人数多ありて、其苦状万端なり、独りの沙門あり、端厳静荘なり、照に語りていはく、我ハ是、汝稚幼にして造り供する所の者也、尓より以来日夜汝を護念して暫時も捨さる也、かるかゆへに今爰に来りて汝を救ふとあり、往て見給ふへき者也、蓋是を考へ見るに是は戯遊に似たりといへとも、其功を成するに到りてハ莫太なる事を記せり、是によりて今に至る迄六七月にハ花洛辺鄙ともに親は子に是を許し、群童にハ其所に是を行せしむる、是を地蔵祭と謂習はせる也

常照という人物が子どものころに「仏像」を描き、「地蔵尊」と呼んで祀っていた。彼が成人してのちに病気にかかって急死するが、閻魔王の前に引き出されたところ、彼が子どものころに描いた「地蔵尊」が現れ、救ってくれたという。子どものころに描いた「地蔵尊」は常に彼を守護していたのだという。こうした「戯遊」のような行為がきっかけであっても、「地蔵尊」は常照を守り続けていた。だから、「今に至る迄」、親たちは地蔵尊の子どもたちへの加護を期待して、「地蔵祭」を行わせているのだという。

「錬師釈書」とあるのは、虎関師錬《こかんしれん》の『元亨釈書《げんこうしゃくしょ》』のことだが、実際にこのような記事

が載っているわけではない。あくまでも、寛文八年（一六六八）段階での理解であろう。

ここで、仮名草子作家としても知られる禅僧、鈴木正三《すずきしょうさん》の遺稿・遺文を集めて死後に刊行された『反古集《ほごしゅう》』に見えている「与或士」中の記事を紹介しておきたい。

> 爰元ニテ、此比仏法ノ興リ可申瑞相相数多見候間、一一書付越申候、（中略）一、太神宮へ諸国ヨリ童部共夥ク抜参致候、是ハ天地ニ殊勝ノ気発リテ、則正直ナル心ニ移リタル故カト存候、一、京中辻々ノ地蔵祭、去年七月ヨリ童部共、見事ニ致シ候、此五月ニモ盆ヲ待兼候テ、辻々ニテ祭ヲ見事ニ致候（下略）
>
> （傍線は引用者）

鈴木正三が仏法興隆の兆しとして数珠の需要増大傾向や霊験寺院への群参とともに、傍線部のように京都の辻々で行われた「地蔵祭」を挙げていることは重要である。日常的に繰り返されているあたりまえの光景であれば、このように取り挙げることはあるまい。わざわざ「去年七月」としているのだから、このころに始まった目新しい光景だったということだろう。鈴木正三は明暦元年（一六五五）に没しているから、京の「地蔵祭」が一七世紀半ばごろに始まるというのは間違いあるまい。

地蔵祭が始まった時期をもう少し特定することはできないだろうか。鈴木正三が「或士」に与えた書信がいつのものか、史料には明記されていないが伊勢への「抜参《ぬけまいり》」について触れられていることに注意したい。伊勢への群参は中世から間歇《かんけつ》的に起きてはいるが、明暦元年（一六五五）に没した鈴木正三が見聞きすることができた伊勢群参といえば、寛永一五年（一六三八）のもの（『続史愚抄』）か慶安三年（一六五〇）のもの（『武江年表』）の可能性が高い。

『反古集』上記項目の次の記事は「三郎九郎思立候テ去年ヨリ十王堂建立致シ」とあり、弟の鈴木重成（三郎九郎）が三河国に建設した十王堂について触れているが、これは寛永一五年（一六三八）のことである。寛永一五年（一六三八）か慶安三年（一六五〇）を断定しうるだけの確証はないが、記事の前後関係からすれば寛永期の方が可能性が高いのではないかと思われる。

もうひとつ指摘しておきたいのは、「去年七月」の「地蔵祭」が「童部」によるものであり、しかも「此五月」にも盆を待ちきれずに五月に早々と「地蔵祭」を執行していることである。これを鈴木正三は仏法興隆の兆候とみるが、むしろ常軌を逸した狂信とみるべきではないだろうか。というのは、伊勢への抜参も「童部」によるものとされており、当該年の前後は子どもを中心とした神仏への信仰が加熱していた時期とみることができるからである。

正保二年（一六四五）には「ちいさき子をかとわかし大坂へうり候もの」が京都で磔刑《たっけい》になっており（京都大学法学部日本法制史研究室所蔵文書）、寛永期の童部の「抜参」のなかにはこうした誘拐による失踪事件もいくらか含まれていたであろう。

盆が待ちきれずに辻々で行われたという「五月」の地蔵祭も気にかかるところである。なぜ五月だったのか。旧暦の五月といえば、五月雨すなわち梅雨の長雨の季節である。流行病なども蔓延《まんえん》しやすい時期でもあり、抵抗力の弱い子どもたちが病気にかかることも多かったであろう。

それに加えて、当時の人びとにとって五月というのは未だ記憶に新しい大坂夏の陣を想起する季節でもあった。京都の諸寺院では、「大坂落城」の五月七日に「大坂戦死人」末裔による法要が行われていた（『日次紀事』）。そうしたこともあって、紀伊国（現・和歌山県）では寛永八年（一六三一）五月に家の屋根から毛虫が大量発生する事態が起こると「大坂陣十七年忌悪霊と云」というような解釈がなされている（『祖竹志《そちくし》』）。

また、延宝五年（一六七七）刊の仮名草子『宿直草《とのいぐさ》』には、寛永一一年（一六三四）に河内国の田で燃えていた火について、これは「元和の軍《いくさ》」の「亡霊の今もまだ火となりて燃えさふらふ」と説明されている（『宿直草』巻五第二「戦場の火もゆる事」）。

寛永期の人びとにとっては、慶長二〇年（一六一五）に起きた大坂夏の陣は、未だ過去の歴史などではなく、生々しい記憶だったのである。

寛永期の五月ごろに社会不安を感じるような事態が発生した時、人びとが大坂夏の陣を想起し、子どもたちも何らかの宗教的儀礼による鎮魂をしなければならないと考えたとしても不思議はあるまい。

とすれば、これは突発的に引きおこされる熱狂的集団による信仰であり、民俗学者の宮田登などが「流行神《はやりがみ》」などと呼んで注目した現象と類似するものであろう〔宮田登　一九九三〕。こうした現象は、しばしば引きおこされている。京都を代表する祭礼である祇園会も応仁・文明の乱による中断ののちに明応九年（一五〇〇）に再興されているが、その契機も当該期の京都に蔓延していた疫病や頻発する怪異であったともいわれている〔早島大祐　二〇〇六、河内将芳　二〇一二〕。

子どもによる信仰現象としては、弘治二年（一五五六）に子どもの疫病が流行したことがきっかけで、ささ神輿《みこし》という小型の神輿を子どもたちが囃しながら舁《か》くという行事が始まったともいわれている〔山路興造　二〇〇九〕。

明応七年（一四九八）には、近ごろは鬼が「小児」をとって食うとの噂が立ち、「七歳ヨリ内小児男女上下悉巡礼躰ニ出立テ清水寺或講堂ニ参詣セハ可遁災云々」というお告げがあったので、巡礼の姿に仮装した子どもたちが清水寺と革堂（「講堂」）に競って参詣したという（『後法興院記』明応七年五月一五日条）。興味深いことに、よく似た現象が江戸時代にも起きており、正徳元年（一七一一）五月に「近き頃」に「疱瘡之願立之由ニ而、小児順礼之躰ニ而仏詣」していることをやめるよう呼びかける触《ふれ》が出されている（『徳川禁令考』前集第五、三二六一号）。

このように、ある種の不安が社会に広まっている時に、何かが引き金となって爆発的な信仰現象が起きることは、幕末のおかげ参りをはじめとしてしばしばあったことである。ただ、通常の「流行神」は一時的な熱狂をよんだ後、急速に熱が冷めていくことが多い。興味深いのは、「地蔵会」に関しては衰退していくことなく、子どもたちによる一時的な現象が、町共同体の行事として定着していったことにある。なぜ、このような石仏を祀る行事が一七世紀の京都の町で「地蔵会」として町に受けいれられていったのだろうか。

三　発見される石仏

「地蔵会」において祭祀の対象となっていたのが、当初から多くは石仏であったことは『山城四季物語』に「辻々の石仏」とあることから明らかである。

ところで、おそらく中世につくられたとみられる石仏が、近世初頭の京都では各地で地中から発見されているのである。寛文二年（一六六二）刊の仮名草子『為愚痴物語《いぐちものがたり》』巻三では、京の町が戦国の世から間もなくあちこちには麦畑もあった「天正年中の比」のこと、「はたけのかしらに、たけ五尺ハかり、はゞ二尺あまり」の石が埋まっていて、掘り出して立てておいたが「此石ハ、やくしにて有ける」などといわれるようになったという。

また、延宝二年（一六七四）に黒川道祐が太秦《うずまさ》を訪れた際の紀行文「太秦村行記」には、「壺井ノ地蔵トテ此ノ辺ニ井アリ、コノ内ヨリ掘出セリトテ古キ壺ノ内ニ坐セリ、古へ好事ノ者埋オキケルカ」（『近畿歴覧記』）とある。清水寺でも、火災で焼失した境内の朝倉堂を再建していた寛永七年（一六三〇）に土中三尺のところから「こかねの観音」が発見されて評判になっている（清水寺史編纂委員会　一九九七）。

発見の経緯に奇談が付随する場合もある。『因果物語』（平仮名本）の巻六には、京で「ばけ物にからかさとられた」という怪異があり、その後も同じ場所で何度も「あやしき事共の有」るためによく調べてみたところ、「水桶の下に、年久しき石仏をしきて、をきたりし」と石仏を発見する。「さだめて此わざや」と掘り出して寺院に納めると、その後は何も起こらなかったという。

こうした石仏の祟りや怪異は珍しいものではなかった。勝田至が紹介しているが、『百物語評判』には「道路に捨てたる石仏、さまざまの妖怪をなし、人を欺き、世を驚かす」

とある。この怪異について「妖をなせる物は石仏にあらず。其のとぶらはれるべき子孫もなき、亡者の妄念」によって引きおこされるものだとしている。勝田至は「地蔵盆の「地蔵」の中には、近世初期に祟ると言われた石仏を祀ったものがあるのかもしれない」と述べているが〔勝田至　二〇一二〕、そうした可能性も否定はできまい。

　このような地中の石仏は怪異をともなうばかりではない。時には夢告などの霊験をもって現れる場合もある。正徳元年（一七一一）に刊行された白慧による京都地誌『山州名跡志』巻二〇には誓願寺の「地蔵堂」について、このように記している。

○地蔵堂　在堂前東向、地蔵菩薩割石面影、二尺八・九寸、像一尺許　作不詳、此像始西陣、天道町人家の井中にあり、家主夢みること再三なり、終に探井此像あり、然して寄附当寺、霊験日に新なり

　誓願寺境内の地蔵堂には、九〇センチメートル足らずの石に三〇センチメートルほどの「地蔵菩薩」を彫った石仏が祀られていたらしい。このお地蔵さまは、もとから誓願寺にあったわけではなかった。

　いつのころかは明記されていないが、西陣天道町のある人が繰り返し不思議な夢を見た。

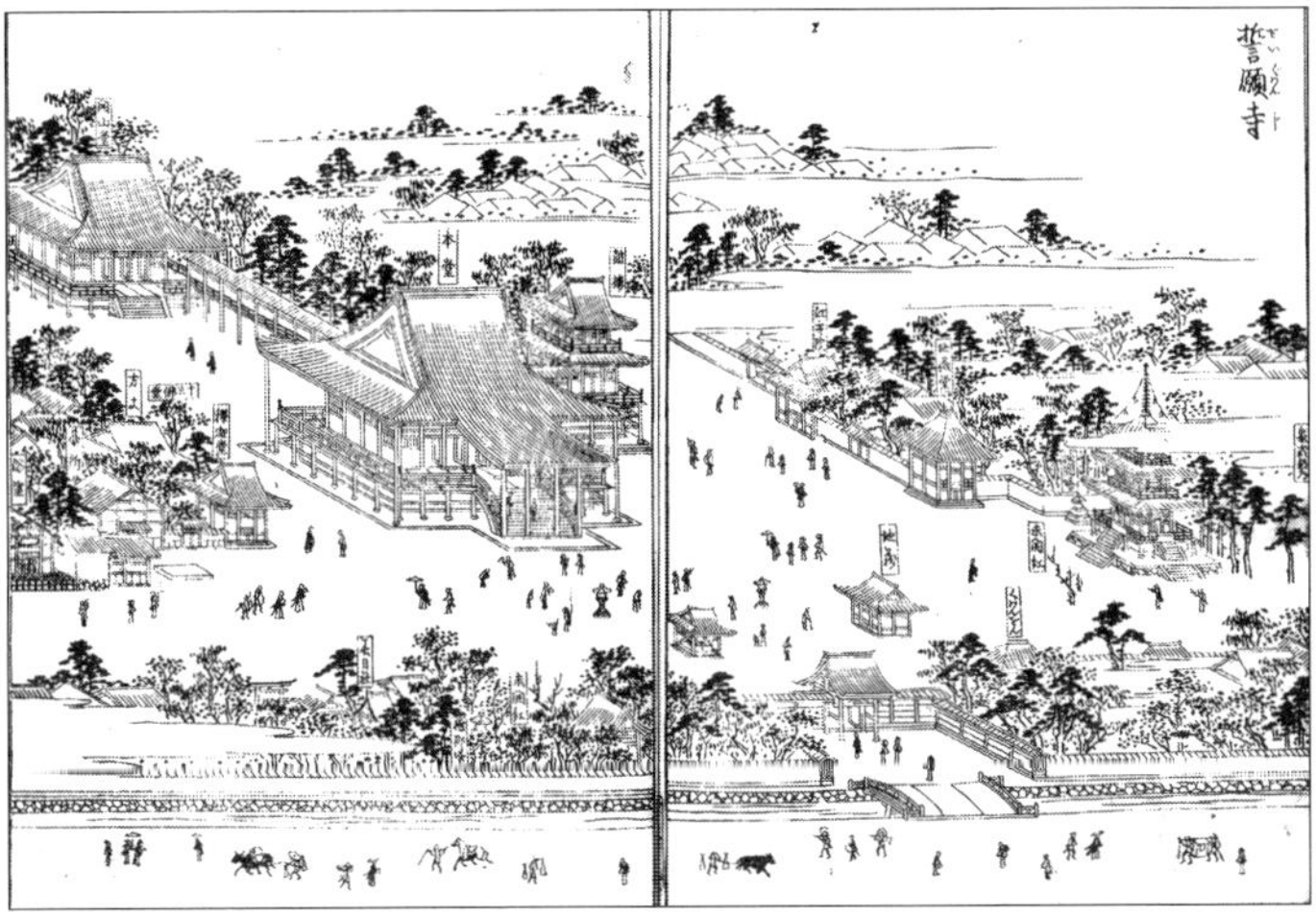

図7　誓願寺（『都名所図会』巻一・筆者蔵）

ここには詳しく書かれていないが、『延命地蔵菩薩経直談鈔』によると井戸の中から光がさし、小さな僧侶の姿がはっきりと見えたのだという。そこで、家主が井戸を探してみると、はたしてお地蔵さまが見つかった。ある夜、家主は石仏が大きな声で「我ヲシテ誓願寺ニ遣」（『延命地蔵菩薩経直談鈔』）というのを聞く。そこで、お地蔵さまを誓願寺に寄附したところ、その霊験はあらたかであったという。元禄一〇年（一六九七）に刊行された『延命地蔵菩薩経直談鈔』には、誓願寺石地蔵堂主宗運自身が語った話として、この地蔵にまつわる八話の霊験譚が筆録されている。

安永九年（一七八〇）の『都名所図会』に掲載されている誓願寺の境内図にも確か

に地蔵堂は描かれている。

また、『月堂見聞集《げつどうけんぶんしゅう》』巻二二には享保一五年（一七三〇）の七月のこととして次のような記事がある。

○七月、両替町通竹屋町上る町西方寺町の角やしきに土蔵あり、其家の主人夢に、或人来て曰、我は其方の土蔵の内にあり、早く我を出すべしと、翌日主人怪く土蔵を見るに、何の事なし、則土中を掘ること二尺余、石仏の地蔵の像あり、出し見れば背後に弘法大師の作、西方寺の字あり、此の町西方寺の旧地也、今は東の新地に移る、依之知る、昔の西方寺の石仏なることを、此石地蔵を安置して、当年より地蔵祭を始む

後半の「背後に弘法大師の作、西方寺の字あり」とあるのは不審だが、一八世紀に夢の告げによって地中から発見され、それを契機に「地蔵祭」が開始されたことがわかる。

こうした霊験あらたかな石仏の出現は、人びとの関心を呼び、評判になることも多かった。流行神の出現について、宮田登は天空飛来、海上漂着とともに、土中出現の三類型があることを指摘している〔宮田登　一九九三〕。こうして出現した神仏に霊験・縁起譚など

が加わると流行神になるという。こうして見れば、土中から不意に出現した石仏が流行神になっていく要素は大いにあるといえよう。

当然、参詣者が群参すれば一宗の経済効果をもつことになるため、時には詐欺まがいの事件も起こったようだ。

井原西鶴の浮世草子『本朝桜陰比事《ほんちょうおういんひじ》』巻二では、弘法作の「金仏」が埋まっているという夢を見たという人物の話がある。まるで先ほどの西方寺町の話のようなのだが、これは偽りだった。「此事兼てたくみ、前日掘時、本尊を埋み置、明の日それをあらはし、京都の風聞いたさせ、いづれの売僧《まいす》とか馴合《なれあい》て、散銭取込べき仕掛うたがひなし」と露見したことになっている。

相次ぐ石仏の発見。もちろん、西鶴が描いたような「散銭」を目当てにした詐欺まがいの「発見」もあるだろうが、実際に屋敷の普請や井戸掘りなどの際に地中から見つかることも少なくなかったに違いない。

地理学者の河角龍典《かわすみたつのり》らによって、京都は鴨川の河床上昇にともなって氾濫が相次ぎ、次第に土砂が堆積していったことが明らかになっている。平安時代の遺構からは約二メートルも土砂が堆積しているというから〔河角龍典　二〇〇六〕、場所にもよるが中世の遺構も現地表面からは一メートル程度の下に埋まっている場合がある。とすれば、当然ながら中世につくられた石仏が近世の土木工事や井戸掘りにあたり、「発見」されることも少なくあるまい。

中世史家の笹本正治によれば、地下というのはこの世と違う他界であるという認識もあったというから〔笹本正治　二〇〇八〕、地中に埋まっていた石仏は単なる発掘品ではなく、別世界からの出現ということになる。像容も明らかでない石仏が、すべからく「地蔵」という名で呼ばれているのは、あるいは多くのものが「地」に「蔵《おさ》」められていたからではなかったか。

一石五輪のような明らかに「地蔵尊」ではないものさえ、赤い前掛けをかけて石仏と一緒に安置されているいささか不思議な光景も、同じように「地」に「蔵」まっていたから「地蔵」とみなされたと考えれば納得がいく。昔話に、穴に落とした握り飯を探して穴に入ると地蔵に出会う「地蔵浄土」という話もあるから、地中に地蔵の浄土があるという発想も決して突飛なものではないはずだ。

清水邦彦は、「地蔵」とされる石仏にしばしば施される「化粧」と呼ばれる彩色について、「目鼻が分からなかった石仏を無理矢理地蔵に見立てたことによる」〔清水邦彦　二〇一一b〕のではないかとするが、大いに聞くべき見解であると思われる。

こうした不意に発見された石仏を、子どもたちが探してきては彩色を施して「お地蔵さま」として祀るという行事が京都では一七世紀に流行していたのではないだろうか。そのことを明確に示す史料はないのだが、例えば一八世紀半ばに若狭国小浜《わかさのくにおばま》（現・福井県小浜市）での「地蔵祭」について記した文献に「子供石仏を拾ひて此所彼所に祭りとて年々以て増長す」とある（『拾椎雑話《しゅうすいざつわ》』）。また、「以前より近江路には有、若狭領には曽《かつ》てなき事也」と、それまで近江路（現・滋賀県）では行われていたが、若狭（現・福井県南部）では一八世紀にはいってから行われるようになったとしている。子どもが石仏を拾ってきて、それを地蔵として祀るという現象が一七世紀に京都で始まり、次第に近江を経て一八世紀に若狭まで伝播していったということも考えられないだろうか。

先に紹介した『浄家寺鑑』に「是は戯遊に似たり」としていることも想起したい。やはり、始まりは子どもたちだったのだろう。どこからか石仏を探し出してお地蔵さまといって祀るような行為は見ようによっては罰当たりな遊びに見えたかもしれない。しかし、それでも「其功」は「莫太《ばくだい》」である。だから、「親は子に是を許し、群童にハ其所に是を行せしむる、是を地蔵祭と謂習はせる也」と親はそうした〝お地蔵様ごっこ〟を容認していたのだろう。

子どもたちが始めたものだったとすれば、彼らにとって石仏を祭祀対象とする際には、もっとも馴染み深かったのはやはり「地蔵」であっただろう。もちろん、寺院での法話な

図8　熊野観心十界図（兵庫県立博物館蔵、〔小栗栖健治　2011〕より）

どによる地蔵信仰の唱導もあったであろうが、子どもたちにとっての「お地蔵さま」との接点は別の所にあったと思う。

ちょうど近世のはじめころといえば、熊野《くまの》比丘尼《びくに》による「熊野観心十界図《くまのかんじんじっかいず》」の絵解《えと》きも盛んに行われていたころである。熊野比丘尼が絵解きに使ったと思われる地獄を印象的に描く大きな絵、「熊野観心十界図」のほぼ中央には賽《さい》の河原《かわら》が見えているのである〔小栗栖健治　二〇一一〕。賽の河原で石塔を積む子どもたちと地蔵菩薩の姿は、仏教の難しい教理を理解できなくとも印象深いものだったはずだ。いささか想像を逞《たくま》しくすれば、賽の河原で五輪塔に囲まれたなかで地蔵菩薩を前にして石を積む図像のイメージが、子どもたちが石仏を拾ってきてお地蔵さまを祀るという祭祀の仕方に影響を与えたのかもしれない。

四　一七世紀の京都

一七世紀という時期は、京都という町が近世的に再編されていく時期である。戦国期には上京・下京の小さな空間だけに集約され、周囲を「構《かまえ》」で囲う鎖《とざ》された小宇宙にすぎなかった京都は、豊臣秀吉の御土居建設、小路の開発、聚楽第《じゅらくだい》や二条城の建設などによって、大きく相貌を変えていく。こうした建築ラッシュの結果、急速に都市域は数倍に拡大していった〔横田冬彦　一九九三〕。

京都の再編は、大きな土木工事をともない、幾度ともなく無数の石仏が発見されたであろう。こうした「発見」の際に、何らかの霊験や怪異をともなっていたら、局地的な信仰を集める小さな流行神となることもあるだろう。

とりわけ、地蔵会の創始期の直後に行われる大規模工事が、治水のために鴨川に堤防を築く寛文新堤《かんぶんしんてい》の建設である。石仏が墓標だったとすれば、中世には葬送の空間であった河川敷周辺では少なからぬ石仏が発見されたことは想像に難くない。また、御土居も京都の経済活動の活発化とともに、払い下げや撤去が行われる。このなかから石仏が見つかることも多かったであろう。

　こうして、地中から不意に現れた石仏は、他界から出現した「お地蔵さま」として大切に祀られ、先ほどの『月堂見聞集』の記事のように町内の人びとによって「地蔵祭」が執行されるようになっていったのではないだろうか。

　豊臣秀吉の京都改造以降、急速に都市が拡大し、人口が急増したことが引き金となり、新たな都市問題が発生していく。京都は疫病の流行や火災の頻発、治安の悪化、格差拡大による貧窮民の増加などをともなう不安定な社会となっていった〔横田冬彦　一九九三〕。

図９　御土居から掘り出されたとされる石仏（北区）

　そうしたなか、一七世紀半ばの京都では拐《かどわ》かしなどの、子どもたちを不安におとしいれるような事件が起きていた。寛永一四年（一六三七）には九州で島原の乱が起こり、人びとは正体不明の漠然とした不安を感じていただろう。島原の乱にともなう社会不安と混乱が引き金となったのか、伊勢参詣が流行し始める。そのような時代の空気を敏感に感じとった子どもたちが、五月に大坂夏の陣の鎮魂などを意図した石仏を祭祀する行為を同時多発的に行いはじめ、一気に流行していったのではないだろうか。

現状では推測の域をでないのだが、子どもの抜参のような熱狂現象が起きていた時期、各地で発見された石仏が子どもたちによる祭祀の対象となっていく。その後、流行現象は沈静化していくが、鴨川河川敷や御土居などで大量の石仏が繰り返し発見され、「お地蔵さま」が絶えず供給され続けたことで、京都の町で広く地蔵会が行われるようになり、町共同体の年中行事として定着していったのではないだろうか。

もちろん、すべての地蔵会が一七世紀半ばに京都中でいっせいに始まったわけではなく、次第に広がっていったことであろう。石仏のすべてが地中から発見されたものでもあるまい。ただ、こうした石仏を「地蔵」として信仰する行事が、広く京都で受容されていく発火点として、近世都市京都の形成過程にあった一七世紀の流行現象を想定しておきたい。

第三章

近世都市京都と地蔵会

近世の京都では、次第に多くの町で「お地蔵さま」が祀られるようになる。「お地蔵さま」は普段は辻ごとに設けられた木戸の脇のお堂に安置され、町内を見まもっているが、七月二四日にはお堂から出され、祭壇に祀られて地蔵会が行われる。地蔵会は町ごとに多様な行事が行われている。そこでは、お供え物が用意され、飲食が行われ、百万遍念仏などの宗教行事が行われていた。また、六斎念仏や俄などの芸能や「造り物」などが花を添えた。

一　京の町と地蔵会

先に、一七世紀に都市の発展にともなって発見された石仏が「お地蔵さま」として祀られはじめたのではないかと述べた。その結果であろうか、一八世紀初頭には、京都のあちらこちらの辻で石仏が祀られるようになっていた。

元禄一〇年（一六九七）刊の『延命地蔵菩薩経直談鈔』には「洛中洛外横竪《たて》町小路《こうじ》門ノ辺ニ石地蔵甚ダ多シ」と記されており、遅くとも一七世紀末には少なからぬ数の「石地蔵」が京都の町で祀られるようになっていたのだろう。

享保五年（一七二〇）には、次のように石仏への灯明を献じることを禁ずる触《ふれ》が出されている。

覚

町方所々辻ニ有之《これあり》候石仏なと火を燈《ともし》候儀、其外人無之《これなき》所ニ火を差置候事、無用ニ仕《つかまつりそうろうよう》候様ニ被仰付候《おおせつけられ》間《あいだ》、町々ニ而致吟味《てぎんみいたし》向後相止メ町々ニ而致相止可被申付候《もうしつけらるべく》、

以上

子十月廿二日　　雑色　誰
　　　　　　　　　　山中仁兵衛
右石嶋半助殿被仰付候　　町代　誰
（『京都町触集成』一―一一三）

文末にある石嶋半助は東町奉行所与力《よりき》。一八世紀の初めころには、あちらこちらで石仏が祀られ、人びとによって灯りが点《とも》されていたらしい。こうもそこら中に火の気があるのは火事のもとではないか――奉行所の役人がそう考え、見過ごすことができずに町触を出さなければならないくらいの数の石仏が、京都の辻に祀られるようになっていたのだろう。

とはいえ、一七世紀から急速に石仏を祀ることが広まっていき、「地蔵祭《じぞうまつり》」「地蔵会《じぞうえ》」が行われるようになっていたとしても、京都中で同時に始まったわけではないことはいうまでもないだろう。

地蔵をいかにして手にいれ、どこに地蔵堂を建てるのか。祭祀組織や経済基盤はどうするか。地蔵堂を維持し、祭祀を続けていくには、それなりの負担を避けられないが、町の住人の合意を得られるか。町の事情や住民構成などの諸条件によって、受けいれる時期や受けいれ方が多様であったことは想像に難くない。

さらにいえば、地蔵の祭祀が始まったからといっても、それが安定して連綿と継続される保証はない。経済的な理由や祭祀組織の弱体化、天災や地蔵の盗難などの人災もあるだろう。

「地蔵会」「地蔵祭」の始まりを記す史料はきわめて少なく、具体的に明らかにすることは困難なのだが、特別な奇瑞《きずい》をともなう場合などは稀に記録として残されたり、町の伝承が書き留められたりする場合がある。

ここでは、文献史料をもとにいくつかの町における「地蔵会」「地蔵祭」の始まりとその後について見ていくことにしたい。

まず最初に紹介するのは、長尾町《ながお》(上京区)である。長尾町の「地蔵尊縁起式帳」によれば、この町では元禄年中に「町内信心之輩」が地蔵尊像を安置し、地蔵講を組織して祭祀していたという。元禄一五年(一七〇二)にこのあたりが火災に遭った際、地蔵は行方不明になるが、後になって預かっていた人が返しに来た。しかし、町内の古老は受け取りを拒否した。「年々の費《ついえ》をいとゐ、幸《さいわい》止《や》メたく思ひ、是を請《う》けとらず」とあるから、維持管理に費用がかかる地蔵を厄介払いしたいと思っていたのかもしれない。こうして長尾町の地蔵会は一時は行われなくなった。

そうすると、古老たちが次々と災禍に見舞われてしまう。慌《あわ》てた古老たちは「誠ニ地蔵尊の御咎めなる事顕然なり」といって地蔵を迎えに行き、町内で「往古通り修行すべし」ということに決まった。「仏具荘厳等」を銘々が寄附し、「世上差支《さしつかえ》之事有之《これあり》候而《て》も、一年も無懈怠《けたいなく》勤来ルなり」と以後は途切れることなく祭祀が続けられたという。

「地蔵尊縁起式帳」には、それ以降の地蔵会をめぐる事項が順に記されており、巻末には天保八年（一八三七）の支出明細が記されていることから、史料の成立時期は元禄よりもかなり後になるかもしれない。元禄期の記載をそのままうけとめることは慎重でなければならないが、火災による一時的な中断などはありえないことではあるまい。また、祭祀組織の地蔵講と町内の古老の間で温度差があったことなども地蔵会が始まったころには少なからずあったことだろう。しかし、その後は地蔵講だけの行事ではなく、町の行事として続けられていくことになった。

長尾町では、元禄一五年（一七〇二）の火災により一時中断するが、以後は連綿と祭祀が続けられたとあった。「地蔵尊縁起式帳」の記述を信じれば、京都の各地で地蔵会が執行され始めた一七世紀からあまり遅れることなく地蔵会が始まっていたということができるであろう。

続いて、一九世紀に地蔵が発見されたことで地蔵会が始まったとみられる事例を紹介しよう。須浜《すはま》町（上京区）は、二条城の北にあり、かつての聚楽第のほぼ真ん中にあたるとされる町である。須浜町は聚楽第の庭園にあった「州浜」の跡地であるという（『京都坊目誌』上京第十一学区之部）。

この須浜町にはひとつの井戸があった。かつて聚楽第書院の前にあって「州浜之泉」と呼ばれていたものだ。聚楽第はすでに失われてしまっているが、夏になって長雨が降ると水がわき出ていたという。文化六年（一八〇九）六月に井戸が破損し、埋もれてしまった。名水を惜しむ声も多かったので、秋に「井戸普請」をした。すると、「石仏八体出現」した。噂を聞きつけた人びとが次々と石仏を欲しいといってきたようだ（「聞伝へ諸人此《この》石仏を乞請《こいうけ》」）。井戸から現れた石仏が霊験あらたかなものと考えられ、競って人びとがそれを求めていた様子がうかがえる。これに対して、町の人たちは「則《すなわち》遣し候」とあるから気前よく石仏を渡していたようだ。

図10　上京区須浜町の地蔵堂

すると、ある日のこと「霊像の告」があった。「せめて一躰は此所《このところ》ニ残し置、泉守護の為安置し奉り候事」と、せめて泉の守護として一体は残しておくようにとのことだ。こうした「霊夢」があったので、お堂を一宇建立し、翌年の文化七年（一八一〇）からは「毎年地蔵会執行」しているという。

本文中には「石仏」「霊像」とあるのみなので、その姿はあまり鮮明でなく「石仏」としか呼びようのないものだったのだろう。だが、翌年には「地蔵会」が執行されたというのも興味深い。井戸から見つかった「石仏」は、かなり早い段階から「お地蔵さま」と認識されていたということだろう。

須浜町で出現した八体の石仏は、一体を残して次々と引き取られていっている。この時に、霊験あらたかな石仏を手に入れた町でも新たに地蔵会が始められた可能性はあるだろう。

このことを伝える須浜町の「町内地蔵尊出現由来記」は、石仏の出現からそれほど時間がたっていない文政四年（一八二一）に筆録されたものなので、あまりいい加減なことを書いているとは考えにくく、事実を伝えているものとみていいだろう。一九世紀、思いがけず石仏が出現し、夢の告げがあったことを契機に「地蔵会」が執行されるようになっている。このように一七世紀でなくても、土木工事の際などに不意に石仏が発見されたことで地蔵会が行われるようになった町も他にいくらもあったことであろう。

地蔵会は、須浜町などのように自然発生的に始まったものばかりではない。やや意外に思うかもしれないが、領主の意向によって始められた場合もあったようだ。京都の東山、東海道への玄関口にあたる粟田口の事例である。

ここは、隣接する青蓮院門跡《しょうれんいんもんぜき》が支配していた。青蓮院の尊真親王《そんしんしんのう》の命をうけた家臣の進藤為善・為純が古記録や寺内外の文書を収集して、天保五年（一八三四）ころまで書き継いだ『華頂要略《かちょうようりゃく》』という史料がある。この記録を見ていると、文化元年（一八〇四）五月二〇日のこととして次のような記録があった。

依思召《おぼしめしにより》石仏地蔵尊新彫刻被仰付《おおせつけられ》、小堂一宇桁行四尺、幅四尺、高サ五尺五寸、前組戸・瓦葺、奥行三尺五寸、巾三尺、高サ壱尺八寸、台叩土ニ而出来、安置之場所御本殿ゟ艮《よりうしとら》ノ方ニ而往還之諸人参詣之都合能場所江《え》、坤《ひつじさる》向ニ新造之様被仰付《おおせつけられ》、依《これに》之《より》東町北側、尼崎長兵衛家屋敷之内、居宅東手ニ空地有之、方角も　御沙汰之通艮ニ相当候事、仍《すなわち》同廿二日右町中江申渡、六月廿一日迁座《せんざ》迁仏《せんぶつ》、供僧承仕勤之《これをつとむ》

（『華頂要略』巻六一）

時の青蓮院門跡であった尊真親王が、新たに地蔵尊の石仏を刻むように命じたのである。その理由はさだかではないが、青蓮院本殿の艮（東北）にあたる場所に坤（南西）に向け

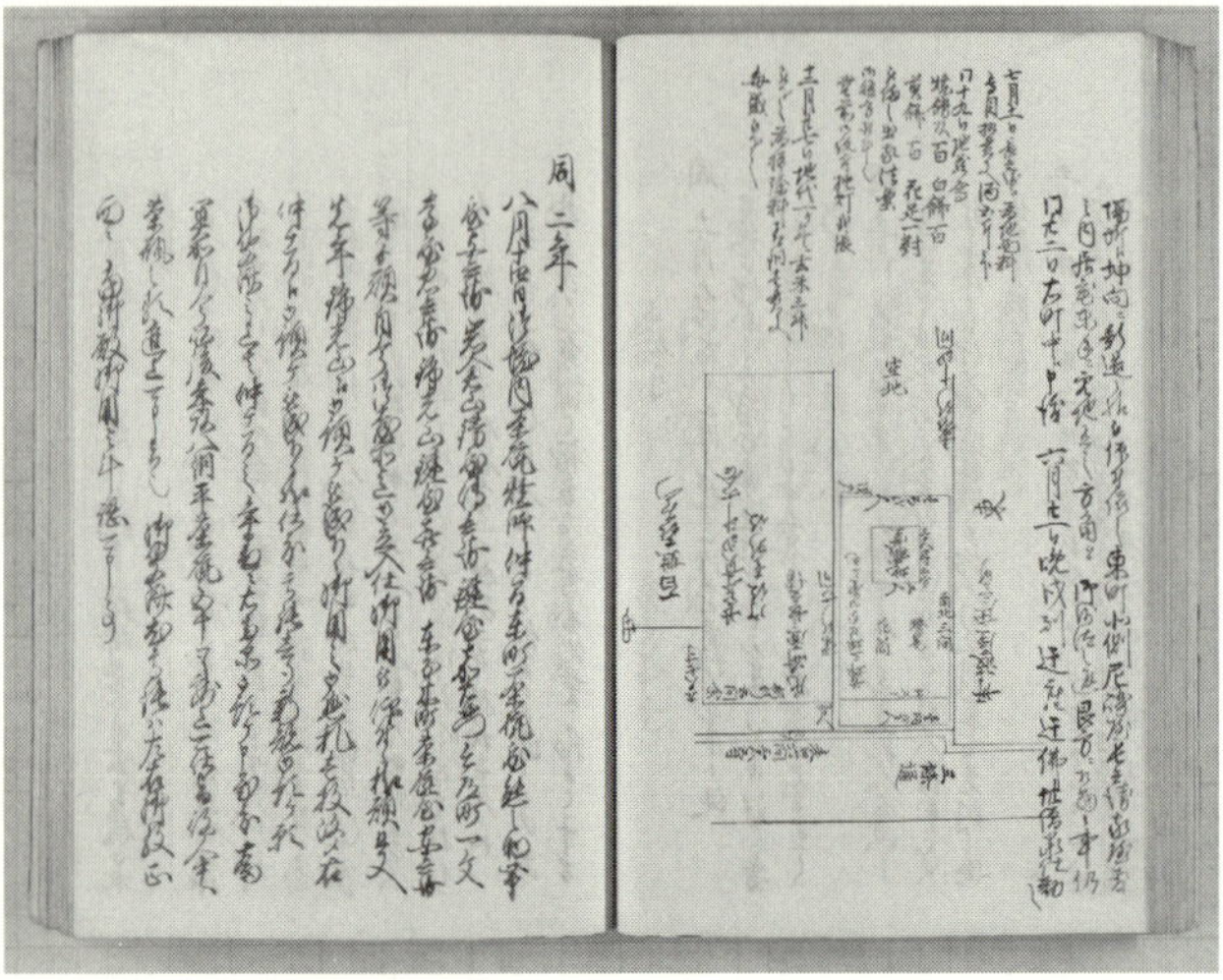

図11　『華頂要略』巻61
（京都府立京都学・歴彩館蔵、京の記憶アーカイブより）

て祀ることにこだわっていることからみると、鬼門除けを意図したのかもしれない。

約一メートル四方で瓦葺きの祠をつくることになったが、どうやらお地蔵さまを祀る場所はまだ決まっていなかったようだ。本殿の東北にあたり、往来の人が参詣しやすい場所という条件にふさわしい場所を探したところ、幸いにして東町の北側、尼崎屋長兵衛という人の家の東側、条件にぴったり一致する場所がちょうど空き地になっていた。そこで、六月には無事にお地蔵さまをお祀りすることができた。この時には唐櫃《からびつ》に入れてうやうやしく行列を組んで運ばれたらしい。

この時に新たにつくられた地蔵尊は、和泉石《いずみいし》という大阪府南部でとれる砂岩を使った一尺（約三〇センチメートル）ほどのもので、岩に腰をかけた姿であったというから（『華頂要略』巻二六）座像だったようだ。

こうして門跡の意向によって東町の町内に建立された地蔵堂だが、その維持管理は土地の持ち主である尼崎屋長兵衛に委託されたようだ。

七月十一日　長兵衛江為地面料《じめんりょうとして》、鳥目《ちょうもく》拾貫文、酒五斗被下《くださる》

同十九日　地蔵会

焼饅頭　百　白餅　百

煎餅　百　花足　一対

被備之、出家法楽御賄方取斗也

堂前御紋付桃灯弐張

十二月廿七日　地代一ヶ年ニ玄米三升被下之《これをくださる》、為掃除料《そうじりょうとして》青銅壱貫文毎歳被下之《これをくださる》

（『華頂要略』巻六一）

遷座が終わってしばらくたった七月一一日、土地を提供することになった尼崎屋長兵衛

には土地代として一〇貫文が支払われた。公定レートでは銭四貫文＝金一両だから、それなりの額には違いない。さらに、年末には土地代として玄米三升、そして掃除料として銭一貫文が毎年支払われることになっている。「掃除料」が支払われていることから、普段の掃除や祠の維持管理は地主の尼崎屋長兵衛が負うことになったのだろう。突然、自分の土地に地蔵堂を建てられ、領主から管理を任された長兵衛にとっては迷惑な話だったのか、それとも遊んでいる土地が領主から毎年の米をもたらすようになった僥倖《ぎょうこう》を喜んだかは史料は何も伝えていない。

尼崎屋長兵衛の意向はさておくこととして、七月一九日に地蔵会が行われていることに注意したい。おそらく、領主の意志によって町内に建立された地蔵堂へは、青蓮院門跡から餅などの御供が届けられ、毎年この時期に地蔵会が実施されるようになったのだろう。住人たちの間で自然に始まったものばかりではなく、こうした領主の意志によって地蔵堂が建立されたことが契機となって始まった地蔵会もあったことには注意が必要であろう。

二　宗教者と地蔵信仰

二〇一三年の地蔵盆の際、京都市北区である美しいお地蔵さまと出会った。それは鮮やかな彩色が残る木像で、優しいお顔で赤ちゃんを抱いていた。子どもたちが楽しみにしている地蔵盆の本尊にふさわしい、とても印象的な姿であった。

このお地蔵さまについて、町には次のようないわれがあるという。ある日のこと、お地蔵さまを厨子《ずし》に入れ背負ってお布施をもらってまわっていたお坊さんがいたという。ところが、お坊さんは具合が悪くなってしまい、地蔵を町に預けてどこかに行ってしまった。そのまま、お坊さんは帰ってこなかったため、預かったお地蔵さまを町でお祀りすることにしたのだそうだ〔京都の「地蔵」信仰と地蔵盆を活かした地域活性化事業実行委員会 二〇一四〕。

図12 木像地蔵菩薩（北区）

つまり、この町では「お地蔵さま」を背負って旅をする「お坊さん」の登場によって、思いがけずお地蔵さまの木像を預かることになり、それから大切に町でお地蔵さまをお祀りしているということになる。この伝承が事実であるなら、地蔵盆の始まりは旅の「お坊さん」との偶然の出会いがきっかけということになる。

では、この旅の「お坊さん」とはいったい誰なのか。それは、おそらく六十六部《ろくじゅうろくぶ》と呼ばれる宗教者ではなかったかと考えている。六十六部といってもあまり馴染みがないかもしれない。法華経《ほっけきょう》を書写して、日本全国六六ヶ国をめぐり、一の宮などの霊場にお経を納めてまわる廻国《かいこく》行者のことである。この六十六部が旅をするときには背中に仏像を入れた厨子を背負っていた。

六十六部など巡礼の研究をしてきた小嶋博巳は、長野県に廻国行者の姿をした地蔵の石仏があることなどを示し、彼らが持ち伝えた多様な信仰のなかには地蔵信仰があるという。「地蔵信仰については、六十六部との明瞭な関係を示す史料はいまだ確認できていない。（略）六十六部と地蔵信仰とのあいだに理念的なつながりを認める発想が、そこにはあるようにみえる」〔小嶋博巳　二〇一三〕と述べているように、経典や教義の面で六十六部と地蔵信仰を直接つなげる史料は見当たらないようだが、彼らが残した石造物などからみても地蔵信仰をもち伝えていたことは確かなようだ。

ここに一枚のお札がある。木板刷りのお地蔵さまのお札なのだが、「一女人産安シ」「家内安全」とあるので、安産や家内安全のご利益があるのだろう。注目してほしいのは、お地蔵さまの姿である。木板刷りの絵と彩色のある木像とでは受ける印象は大きく違うが、赤ちゃんを抱いている様子や光背《こうはい》の宝珠などは、いかにも北区の美しいお地蔵さまとそっくりではないか。

お札の下段には「日本回国」と記されていることから、六十六部廻国行者が配っていたお札ではないかと考えられる。とすれば、北区の赤ちゃんを抱いているお地蔵さまの木像もまた、地元で伝えられているように六十六部が背負って旅をしていた仏像であった可能性は充分に考えられよう。

そういえば中京区にある壺井地蔵の近くには、太秦《うずまさ》広隆寺《こうりゅうじ》への参詣の疲れを癒やす茶所でもあった「壺井堂《つぼいどう》」がある。この壺井堂には江戸時代後期の地蔵尊が祀られているそうだが、ここは六十六部の清遊が堂守となって復興している〔鈴木ひとみ　二〇一四〕。確かに、京都のお地蔵さまと六十六部廻国行者は結びついているようだ。

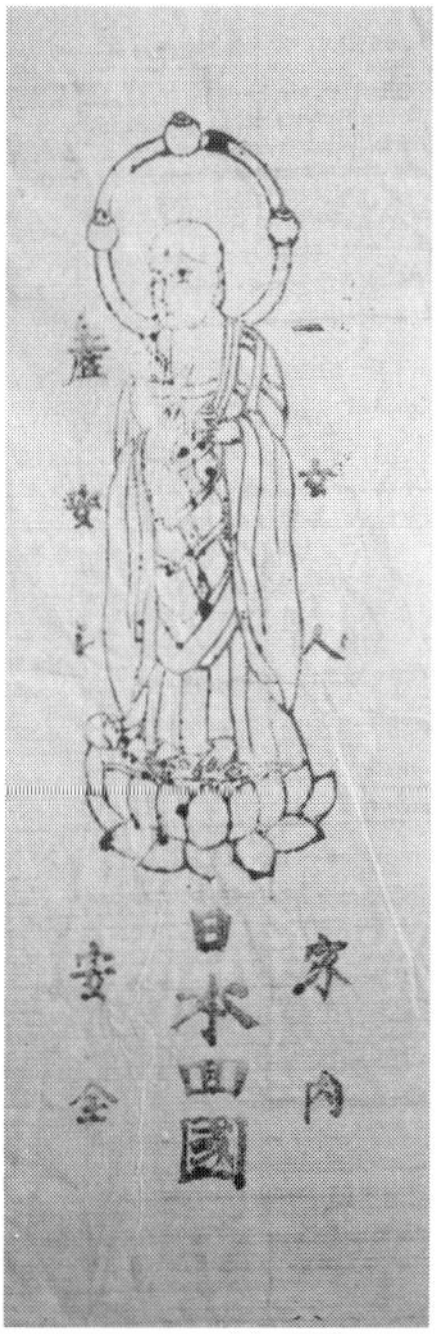

図13　地蔵菩薩御影札（筆者蔵）

六十六部のような地蔵信仰をもち伝えていた廻国行者との出会いが触媒になって、地域で地蔵の祭祀が始まったところもあったであろう。

三　木戸と町

これらの「お地蔵さま」はどこに祀られていたのだろう。現在、「お地蔵さま」を安置している地蔵堂は実にさまざまな場所で見かけられる。道端や家の軒先、路地の突き当たりなどが定番だが、マンションやコンビニの駐車場にある場合もある。時には家やビルに組み込まれていることもある。都市化にともなって土地が充分に確保できないこともあるのだろう、商業ビルの階段下など、かなり苦心をして「お地蔵さま」のためのスペースを確保しているところも見かけられる。

近世には「お地蔵さま」をどのような場所にお祀りしていたのだろうか。それを教えてくれるような地蔵堂を描いた絵画史料は思いのほか少ない。そうしたなかで貴重な作品が、文政三年（一八二〇）に村上松堂が描いた「三条油小路《あぶらのこうじ》町西側町並《まちなみ》絵巻」である。

この作品は三条油小路町の三条通りと六角通りの間に南北に広がる町の家並と往来の風景をきわめて詳細に描いたもので、東西それぞれを一巻に仕立てている。家ごとに職業や人名が書き込まれており、かなり正確に当時の景観を反映していると考えられる。

この西側を描く一巻に地蔵堂が描かれているのである。三条通りに近い、伊豆蔵や義光

図14　「三条油小路町西側町並絵巻」（部分）
（京都府立京都学・歴彩館蔵、京の記憶アーカイブより）

抱《かかえ》屋敷《やしき》の前あたりに立派な瓦葺きのお堂がある。よく見ると、女性に抱きかかえられた赤い着物の子どもが一生懸命に手を伸ばしてお堂にかけられている鰐口《わにぐち》を鳴らしている。前には石の線香立てがあり、横に「往来安全」と刻まれた石の灯籠がある。これは愛宕《あたご》講のメンバーが交替で灯明を献じる愛宕灯籠だろうか。

問題はその場所である。町の北の端にあたり、お堂の右側には小さな建物があり、それに隣接して道の方に壁のようなものが出ているのがわかる。これは、町木戸という施設である。碁盤の目のようになっている京都は、通りを挟んで向かい合った家々がひとつの町を形成しているため、町の両端には辻があることになる。この辻に各町が木戸を設け、夜間には閉鎖をして不審人物が通れないようにしていた。

木戸に接して設けられている小屋は番人がいた施設であろう。番人は、町に雇用されて木戸の開閉や往来の監視、夜間の警備などに携わった。

このような木戸脇に地蔵が祀られている様子は、明治二年（一八六九）に「下京区四番組廿八町総図」にも描かれている。絵図の記載情報を詳細に抽出して分析を加えた明珍健二によれば、ほとんどの町で出入り口に木戸門を設けており、約半数強の町に地蔵堂が見えるという。多くは木戸の内側に番人がいる「番部屋」があり、近くに「地蔵堂」が、そして時に髪結床《かみゆいどこ》や塵溜《ちりため》などが記されているようだ。地蔵堂の敷地は大きくても一間《いっけん》、多くは一辺が三〜四尺なので、大半が一メートル前後のものだ（明珍健二　二〇一四）。このサイズは現在、私たちが京都の町かどで見かける地蔵堂の印象と大きくかけ離れているものではない。

木戸のそばに地蔵堂があったらしいことは他の文献でも確認できる。中京区の冷泉町《れいせんちょう》には、町の北側にあたる夷川《えびすがわ》室町の東南角に地蔵堂があった。縦横五尺九寸とのことなので、比較的大きいものだったようだ（『京都冷泉町文書』一〇五八号）。これは、おそらく木戸の近くにあったようで、文政七年（一八二四）に木戸と番小屋の普請をした時の記録に「地蔵堂入用」もあわせて記されている。木戸・番小屋の工事をする際に一緒に地蔵堂の普請もされているということは、これらの施設がほとんど一体化していたことを示唆していよう（『京都冷泉町文書』五六〇号）。

また、古西町（中京区）でも、木戸のそばに設けられていた「髪結床」が老朽化したために嘉永二年（一八四九）に建て替えをしたが、思いがけず「地蔵堂外家根」の取り替えまで必要になってしまっている。これも地蔵堂と木戸が接近していたために起こったことであろう（「古西町文書」F63）。

元禄一〇年（一六九七）刊の勧化本『延命地蔵菩薩経直談鈔』には、「洛中洛外横竪町小路門ノ辺ニ石地蔵甚ダ多シ」とあり、この時点ですでに辻に設けられた「門」のそばに「石地蔵」があったことがうかがえる。

天明元年（一七八一）、旗本で狂歌師でもあった二鐘亭半山《にしょうていはんざん》が京都滞在中の見聞を記した『見た京物語』にも

○町々の木戸際ごとに石地蔵を安置す。是愛宕の本地にて火ぶせなるべし（下略）

と書かれており、木戸ごとに「お地蔵さま」を祀ることはかなり一般的だったようである。愛宕の本地と書かれている点については、少し説明が必要かもしれない。

「愛宕」とは、京都の西北にある愛宕山のことで、火伏せの神として京都では信仰を集めている。この神様は地蔵菩薩と習合している。宗教民俗学の五来重は非常にこの点を重視し、地蔵盆で火を点す行事が兵庫県などで見られることから、愛宕山を拠点としていた修験者の影響を主張している〔五来重　二〇〇九〕。もっとも、林英一はこうした愛宕の行事が地蔵盆に取り入れられているのは愛宕信仰が強い地域で顕著だが、両者は起源を異にしており、愛宕祭をしていたところに地蔵盆が伝播した結果、本地仏としての地蔵がクローズアップされていくのではないかと指摘している〔林英一　一九九七〕。

「三条油小路町西側町並絵巻」が描く三条油小路町では、地蔵堂と愛宕灯籠が隣接していることからも、防火を意識していることは想像に難くない。しかし、地蔵堂と愛宕灯籠は隣接していても別であることも事実である。もちろん、町の出入り口に境界を守るお地蔵さまを祀ることで、悪いものや疫病が入り込まないようにするという意識とともに、火災をはじめとしたあらゆる災いから町を守ってほしいという期待もあったであろう。とはいえ、現在の地蔵堂に置かれた石造物や台石で見かけることが多いのは、何といっても「町内安全」の文字である。

このような、辻に設けられた木戸のそばにある地蔵堂を近世の史料では「辻地蔵堂」（『京都冷泉町文書』一二三一号、『奇遊談』巻三上）と呼んでいるのを見かけた。辻にあった地蔵堂なので、「辻地蔵堂」。そのままの呼び名ではあるが、こうした語彙が存在していたということは、京都の四つ辻に地蔵堂が広く見られていたことを示唆しているだろう。

地蔵堂そのものは、焼失などによって失われたり、老朽化によって再建されることも多かったと思われるが、現在でも近世の名残として地蔵堂の前に置かれている線香立てなどには、近世の年号が刻まれているのを見ることがある。幕末の禁門《きんもん》の変にともなう火災（どんどん焼け）で京都の町は相当の被害をうけているせいか、それ以前のものを見ることは少ないが、幕末の年号は注意していれば残っていそうである。

現在、筆者が確認しているものとしては、中京区《なかぎょうく》の大黒《だいこく》町、高瀬川西岸にある地蔵堂とともにあった「町内安全」と刻まれた石柱に享和元年（一八〇一）の文字があったのが、比較的古いものである。

また、石造物ではないが、中京区では地蔵堂のなかに

奉呈　　願主井筒屋
　　　　　　　　新兵衛
延命地蔵大菩薩　　　敬白
旹文政二年卯中穐吉日

図15　中京区大黒町の地蔵堂

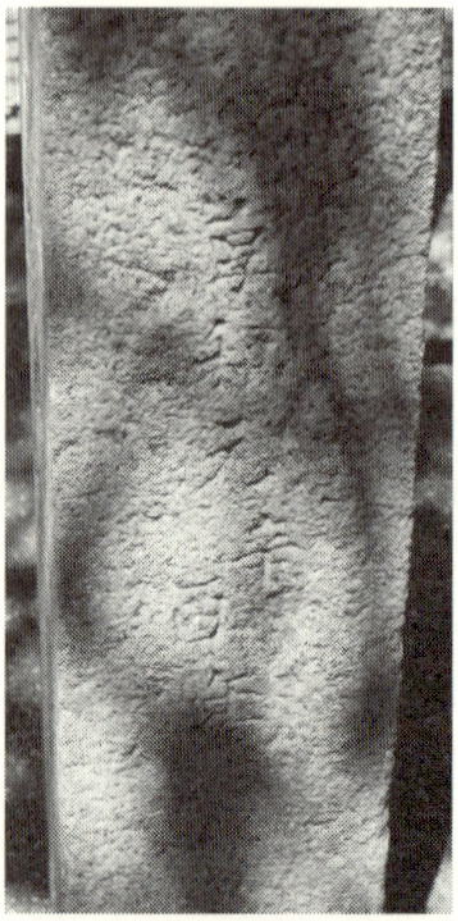

図16　「享和元年」と刻まれた大黒町の地蔵堂横の線香立

図17　「文政二年」と記す中京区の地蔵堂内に納められていた木札

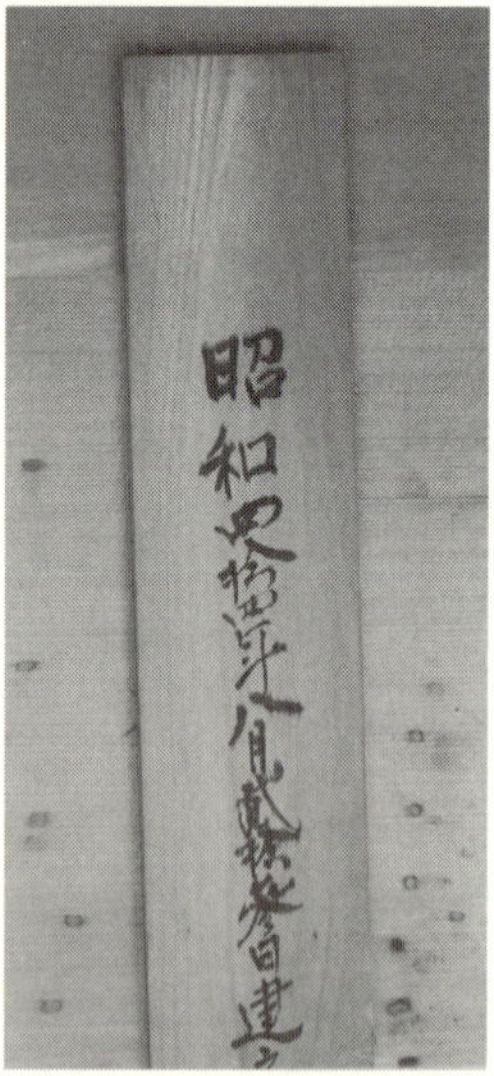

図18　地蔵堂内に納められた建立年月日を記す木札

と書かれた板が納められていたのを見せていただくことができた。
この地蔵堂が文政二年（一八一九）につくられた当時のままかというと躊躇せざるをえない。ただ、地蔵堂の奥の壁に地蔵堂の造立年を記した板を置いているのは他の所でも見たので、棟札《むなふだ》のように地蔵堂造立時に納めたものであろうか。地蔵堂を再建する際に、以前の板札を残したこともありえないことではない。とすれば、この板は江戸時代の辻地蔵堂の記憶を留める貴重な資料であるということができるだろう。

四　運営と行事

近世京都の地蔵会は、どのように行われていたのだろうか。よく知られた史料だが、まず『南総里見八犬伝』などの作品で知られる戯作者の曲亭馬琴が、享和二年（一八〇二）に上方を旅した際の見聞を記した『羇旅漫録《きりょまんろく》』の「地蔵まつり」を見よう。

七月廿二日より廿四日にいたり。京の町々地蔵祭あり。一町一組家主年寄の家に幕を張り、地蔵菩薩を安置し、いろ〳〵の備物《そなえもの》をかざり、前には灯明桃灯を出し、家の前には手すりをつけ、仏像の前に通夜して酒もりあそべり。活花、花扇かけその外器物をあつめて種々の品をつくり、家毎に飾りをく町もあり。年中町内のいひ合せもこの日にするといふ。そのありさま江戸の天王まつりの仮宮の如し。伏見辺大坂にいたりてまたこれにおなじ。

馬琴は二四日の夜には京都を発ち、伏見を経て船で大坂に向かっているから、彼が「地蔵祭」をじっくり見ることができたのは、二二、二三日の二日間であろう。短期間でこれだけの詳しい情報を書き留めている点は驚くべきことである。町ごとに年寄などの家に幕を張り、提灯などを掲げて「地蔵菩薩」を安置し、夜通し酒盛りをしているという。

京都の町屋は、通りに面した格子戸《こうしど》をはずせるようにしているところも多かったそうで、現在でも西陣などでは、屋内にお地蔵さまを祀る祭壇を設け、その前をあけて格子戸を外し、さらに道路側に縁台を置いて広いスペースをつくっているところがある。家の前に手すりをつけるというのは、こうして確保した広い空間に手すりをつけて会場としていたことを表現しているのだろう。

子どもの姿が見えないのが不思議な気もするが、あるいは忙しく京のあちらこちらを見物してまわっていた馬琴が「地蔵祭」を見かけたのは、夜間のことだったのかもしれない。

もうひとつ、今度は富本繁太夫《とみもとしげたゆう》の『筆満可勢《ふでまかせ》』。繁太夫は江戸深川出身の旅芸人、ふとしたきっかけで京都の祇園で太鼓持になっていた。天保六年（一八三五）七月二三日の記事である。

例年の通、今明日地蔵祭。洛中洛外不残《のこらず》諸々思ひ〳〵餝物《かざりもの》抔《など》出る。川東は長家中より麪《(素)》麵南瓜芋抔を備へる。夫《それ》を焼豆腐抔《など》入て煮付、長家中へ振舞《ふるまう》。川西は餅なり。

（下略）

ここでは、鴨川以東と以西、つまり洛中と洛外のお供え物の違いが書かれている。鴨川以東では、長屋の借家人などが素麵や南瓜などをお供えすると、それを調理して振る舞うという。一方で洛中では餅が一般的だとか。川東の情報が妙に詳しいのは富本繁太夫がいた祇園周辺での見聞であろうか。

どちらも興味深い記録には違いないが、そうはいっても旅人が外から見た地蔵祭の様子にすぎない。京都の町で書かれた史料に基づいて、地蔵祭を見てみることにしよう。

天明三年（一七八三）から書き始められた茶磨屋町《ちゃまやちょう》の規定を見ると、「地蔵祭り」について次のように記している。

一地蔵祭り　毎年七月廿三日廿四日　竹弐本調、例年借り物致

立花四拾八銅ニ而　誂《あつらう》　町中盛《も》り物《もの》集銭六文宛集候事
外ニ　備物時之品
廿三日夜　百万遍ニ而祈禱幷回向《えこう》等相勤候事
餅三百　但し壱文宛　　御酒頂戴　にしめ等三種斗出之
但し御千度之節も三百宛也、　尤廿四日昼茂《も》同断 此町用人歟《か》番人遣候者へ鳥目百文跡ニて遣ス
火焼《ひたき》ハまんちう其外時之品調可申事
（「茶磨屋町永代当町中要用帳」）

ここから、準備に竹を用いること、「盛り物」に六文ずつ集めること、他にもお供えを適宜用意することなどがわかる。また、餅三〇〇が用意されており、二三日の昼間と片付け終了後の翌二四日夜には酒と三品程度の肴が出されることになっている。ただし、残念ながら地蔵祭の行事については二三日の夜の廻向《えこう》のことしか書かれていない。

そこで、天保一二年（一八四一）に腹帯町《はらおびちょう》（上京区春帯町）で定められた地蔵会の次第をまとめてみたものが表1である。七月二二日に準備が始まっている。行事とよばれる当番の二人が中心となり、町に雇用されている用人と番小屋で警備などにあたる番人が補佐をしている。二三日は、四つ時というから午前一〇時ころに始まり、町年寄《ちょうどしより》の家で町の子どもたちに小豆飯《あずきめし》を振る舞う。夕方以降は大人の時間。町の顔役があつまって廻向とな

表１　腹帯町地蔵会

７月22日	７月23日		７月24日	
行事両人による飾り付け 用人・番人が補佐	早朝	行事両人出勤	朝	行事が茶湯を供える
	４ツ時	年寄宅にて上り物で町中の子ども衆に小豆飯		顔役一統による廻向
	暮	顔役一統による廻向		終了後片付け 用人・番人が補佐
		終了後茶を出し終了		

「腹帯町永代記録帳」により作成

る。

最終日の二四日は早朝に行事がお地蔵さまに茶湯を供え、顔役一統による念仏供養が行われ、それが終わると早々に後片付けとなっている。準備から片付けまで三日間にわたる地蔵会のおおまかな流れがわかる。

ここでは、準備など実務を担当する「行事」、廻向を担当する「顔役」といった大人たちの役割、そして小豆飯を振る舞われる子どもたち、さらに行事の補佐をする、町に雇われていた用人・番人といった多くの人びとがそれぞれの役割と時間に、それぞれの立場で関わっていたことがわかる。

現在の地蔵盆では、子どもたちのためのさまざまな行事が行われているが、これらの史料では子どもたちを対象とした行事が見えていない。もともと、子どものための行事はほとんどなかったという。ただ、お地蔵さまの前で子どもたちが集まり、遊び、お供え物の芋などを蒸したものがもらえるだけで、子どもたちには充分楽しめたといわれているから〔伏見のまちづくりをかんがえる研究会・子どもの生活空間研究グループ　一九八七〕、これといった行事がないからといって、子どもが排除されていたと考えるのは早計だろう。おそらく、この二日間にわたって子どもたちはお地蔵さまに見まもられて気兼ねなく遊んでいたのではないだろうか。

①費用

地蔵会のための費用はどうやって捻出《ねんしゅつ》していたのだろうか。

享和三年（一八〇三）の西亀屋町（上京区）の規約では、「地蔵祭リ町分より鳥目五百文出ル」とある（「万歳帳」）。「鳥目《ちょうもく》」とは銭のこと。銭に穴があいていたために鳥の目に見立てたものだ。つまり、町の行事として町の予算から五〇〇文を支出しているようだ。

こうした町から費用が出る場合もあるが、町の住人たちからの「志」を集めて行うところもあった。

一、毎年地蔵会入用《にゅうよう》町人は不及《もうすにおよばず》申、借家衆中共ニ心持次第仕可相勤《あいつとむべき》事

（西御門町「町式目改帳」）

この町では、町の正式構成員のみならず、借家住まいの人びとも「心持次第」の志納金を出して行っている。地蔵会の前に町内に住むすべての人から「志」を徴収するということになるのだろう。

もちろん、地蔵会の当日に供物として持参された金銭や、地蔵堂の賽銭なども収入として計上されていた。こうした収支の記録が当番に引き継がれていたため、時に町の古文書のなかに地蔵会の会計帳簿が伝わっていることがある。

②準備

地蔵会で行われていたさまざまな行事を史料から読み解いていくことにしよう。

地蔵会の実施に先立って、まずは準備が行われる。普段は、木戸のそばにある地蔵堂のなかに静かに安置されているお地蔵さまだが、この日だけは地蔵堂の外へ運び出される。曲亭馬琴が記したように、会場となった家では祭壇をつくり、幕を張って提灯を吊るし、正面の真ん中にお地蔵さまを安置する。

各町では、お地蔵さまの飾り付けなどのためにさまざまなものが保管されている。多くは町の人びとの寄進によって、少しずつ新しくしていったり、補充していったり、修理を加えたりして大切に使っている。現在でも、祭壇に飾り付けられている仏具や地蔵盆の道

表２　長尾町什物

地蔵尊	
厨子	
御戸帳	
赤地金襴水引	
地白縫入水引	
萌黄地金襴水引	
繻子小幡	1対
金襴中幡	1対
花色広幡	6ツ
糸華鬘	1ツ
打敷華鬘	5ツ
白木綿幡	1対
唐金仏器	1
燭	1

具をしまう箱に江戸時代の年号が書かれているのを見かけることがある。

こうした品々は、それなりにかさばるものであり、地蔵堂などに納められるようなものではない。地蔵会の当番が引き継いだり、決められた場所に保管されていたりするのだろう。一例として、天保八年（一八三七）の長尾町《ながおちょう》が所蔵する什物《じゅうもつ》のリストを挙げておこう（「長尾町地蔵尊縁起式帳」、表2）。

また、あらかじめ用意されていた供物などもお地蔵さまの前に供えられる。飾り付けが終わった祭壇は敷物や幕がとても鮮やかで一気に空間が華やかになる。祭壇の前では、輪になって座って数珠繰りが行われることも多いので、ある程度の人数が座れるように広いスペースが必要になる。

会場については、腹帯町では「借家ヲ借り請《うけ》地蔵尊かさり申《もうし》候」（「腹帯町永代記録帳」嘉永二年七月二二日条）などとあることから、町内にある借家を使用していることがわかる。ここでは、子どもたちに小豆飯などを振る舞うのは町年寄の家ということになっているので、お地蔵さまを祀る会場と飲食などの場は別だったのだろう。

木戸のそばにあった番小屋が会場となるところもあった。堀川通り沿いの長尾町では、町内を流れる堀川の側に間口一間、奥行五尺の番小屋があったので、地蔵会の時だけ北に一間分「かりや」という仮設の施設をつなげて会場としていた。後に「番所」改築の際に二間分の建物にしている。(「長尾町地蔵尊縁起式帳」)。

図19 「お化粧」が施された「お地蔵さま」

現在は地蔵盆の前に「お化粧」といって、石仏に絵の具などで彩色をしているところも多い。彩色をするのは必ずしも毎年ではないというところもあるが、普段は路傍の地蔵堂に祀られているので、次第に色が落ちたり、風雨で汚れたりするのは避けられない。そこで、町によっては地蔵盆の前に水で洗っていったん前年の絵の具を落とし、改めて彩色を行うというところもある。

彩色の仕方もさまざまで、全体を色鮮やかに絵の具などで塗っているものもあれば、顔だけ白く塗って、黒で眼を画いて口に赤を小さく加えているだけのものもある。

彩色は、町の子どもが行うところも多く、現在でも京都の町を歩くとあちらこちらでかわいらしい「お化粧」を施されたお地蔵さまを見かけることができ、思わず微笑んでしまうことも多い。

もっとも繊維業の盛んな京都のこと、友禅などの下絵を描く「画描きさん」が筆をとっていたり〔牧田茂　一九七三〕、染色が盛んな町では染色の職人さんが彩色をしていたところもある〔京都の「地蔵」信仰と地蔵盆を活かした地域活性化事業実行委員会　二〇一四〕。また、地域によっては提灯屋さんに「お化粧」をしてもらっていたというところもあったそうだ〔伏見のまちづくりをかんがえる研究会・子どもの生活空間研究グループ　一九八七〕。かつて町内に「絵描き」がいたので描いてもらったと話してくれたところもあった。

こうした「お化粧」は京都を中心に丹波から若狭にかけて分布しており、若狭街道によって広まったのではないかという見解もある〔近石哲　二〇一五〕。

この「お化粧」について、平安時代の史料に見える岐神《くなどのかみ》の祀り方との関連を示唆する見方もあるが、中世の岐神祭祀が明らかにできない以上、一足飛びに古代にまでつなげることは躊躇される。

あくまでも地蔵会に限定していえば、いつから始まったのか明確ではないが、すでに延宝二年（一六七四）の『山城四季物語』には「地蔵祭」を描写して「童子の業《わざ》として、道のはた辻々の石仏をとりつめて、地蔵と名付、顔白く色どり」とあるから、かなり早い段階で子どもたちが石仏に彩色を施すことは行われていたのだろう。

須浜町の記録では

本尊御洗粧色《さいしき》共

文政十暦　藤井雅楽藤原正教

丁亥七月二十二日成就

（「町内地蔵尊出現由来記」）

と見えていた。日付からみて、文政一〇年（一八二七）に行われる地蔵会の前日に彩色を施していたようである。このお地蔵さまの洗浄と彩色をした「藤井雅楽藤原正教」という人物については明らかにできなかったが、いささか大げさな名乗りからみても素人とは考えにくい。おそらく絵仏師などではなかっただろうか。

江戸時代も最末期の文久元年（一八六一）のものだが、下京区真町の「地蔵会諸買物帳」には「地蔵尊さいしきゑのく」の代金五〇文が見えている（「真町文書」甲452）。この絵の具を使って誰が彩色をしたかは明らかではないが、彩色の手間賃などは計上されていなかった。ここでは、町内の誰か絵心のある人が筆をとったのだろう。

図20　お供えが並ぶ祭壇

③盛り物

地蔵会の帳簿類を見ていると、入用帳などが作成されたり、帳簿に支出の欄があってさまざまな経費が記されていることがあるが、これによると当日までに当番があらかじめ花や線香、供物などを用意しておき、お地蔵さまをお祀りする際にお供えをしているようだ。こうしたお供えのことを「盛り物」と呼んでいる。

その後、地蔵会が始まると町内の人びとは供物を手に次々と訪れる。

宝暦六年（一七五六）に京都を訪れていた本居宣長が見た「地蔵まつり」でも、お供えがよほど印象的だったのか次のように記している。

> 廿三、四日両夜は、地蔵まつりとて、町〳〵辻々などにある地蔵尊の、此折にはことなう時めき給ふて、供物香花山をなすこと也
>
> （『在京日記』）

どのような物が届いていたか、ちょっとのぞいてみよう。表3は幕末期、慶応元年（一八六五）に真町の地蔵会に届いた供物のリストだ。参考に明治一六年（一八八三）のものも添えてある。重複分は省き、品目だけを挙げているので、実際にはもっと多くのものが並んだと思っていただきたい。

金銭は別として、近世・近代とも鏡餅・素麺《そうめん》といったものにくわえ、ホオズキ、南瓜《かぼちゃ》・薩摩芋などは現在でも地蔵盆のお供えとしては定番である。全般的に近代になると野菜の

表3　真町盛り物一覧

	慶応元年	明治16年
金銭	金子 当百（天保通宝） 鳥目（銭）	金銭
米・酒など	御鏡 米 酒 酒切手 素麺	御鏡 そうめん
野菜類	鬼灯 大かほちゃ かほちゃ さつまいも 小芋	ほうつき かほちゃ 薩摩いも 小いも 赤いも かも瓜 冬瓜 西瓜
食品		棒鱈 こんにやく
菓子	太鼓まんちう	米まんちう せんへい かる焼き
その他	茶碗 らうそく せん香 花	地蔵尊影 造蓮華 霊寿香・沈香ほか

「真町文書」甲451、甲1396(3)により作成

ほかにも菓子などのバラエティが増して充実していることがわかる。一方で、米や酒が近代に見えなくなっているのは、かさばるのであらかじめ購入するようになったのかもしれない。

④飲食

曲亭馬琴の『羇旅漫録』と富本繁太夫の『筆満可勢』に共通して記されているものに飲食がある。地蔵会を見た馬琴、富本繁太夫の二人が、そろって書き留めているわけだから、それだけ目についたということだろう。

安政五年（一八五八）の元中之町（上京区）では、町内倹約のため町用人を抱えることをとりやめた際に申し合わせた規約のなかで「地蔵会」についても言及していた。

一、地蔵会小豆飯煮〆したし物酒肴共備物ヲ用可申《もちいもうすべし》、但行事持参物一切不相成《あいならず》候、家持備へもの壱人ニ付鳥目百銅ツ、ニ可致候事　（「行事記」）

地蔵会で出される料理の小豆飯・煮しめ・ひたし物・酒・肴などはお供えを使うこととし、「行事」が自腹を切って材料を用意することは一切しないこと。町内家持からのお供えは銭一〇〇文と定めたことがわかる。

それまでは、行事が供物に加えていくらかの食材を用意して料理を振る舞っていたのだろう。町の規模にもよろうが、担当する行事にとってはかなりの負担になっていたに違いない。

安政五年（一八五八）といえば、安政の五ヶ国条約が結ばれた年であり、国内から金が流出し、物価が上昇するなどの経済的混乱が起きていた。そうしたなかで、地蔵会の「行事」の負担を減らすこと、金銭の額を統一することで町住民の不要な支出を抑えることが意図されたものであろう。

それゆえ、ここに見えている料理は、これだけはないと地蔵会にならないという最低限度のものに近いということができるかもしれない。

小豆飯は、前に見た腹帯町では子どもたちに振る舞われる料理であった。酒・肴はともかくとして、煮しめ・ひたし物あたりは地蔵会らしく精進物が定番ということなのだろう。供物として到来した南瓜や薩摩芋などを当番が調理をしていたのだろう。

そういえば、『筆満可勢』では「川東」、すなわち鴨川以東は供えられた素麵や南瓜・芋などに焼豆腐などを加えて煮たものを振る舞うことになっていた。

ただ、「川西は餅なり」と鴨川以西は餅ということになっていた。餅であれば調理の手間もなく、そのまま供えられたものを配ればいいから合理的なのかもしれない。もっとも、こうした合理化が鴨川以西、すなわち洛中すべての町で行われていたわけではないことは安政の時点における元中之町の規約が物語っている。

それから、もうひとつ忘れてはならないのが、地蔵会がすべて終了してから行われる飲食、慰労会を兼ねた懇親会である。例えば、四条大宮町では、二四日の八ツ時（午後二時ごろ）に撤収し、その後は「八ツ過ゟ《より》会所ニ而酒」といった具合に町内の会所で酒が出ている（『高木在中日記』安政三年七月二六日、この年は新待賢門院《しんたいけんもんいん》の葬儀と重なったため地蔵会は二五、二六日に延期）。安政五年（一八五八）には疲労回復のためか、スタミナ食の「土しやう汁（泥鰌《どじょう》汁）」が出ている。

嘉永七年（一八五四）には、「地蔵会後精進上《しょうじんあげ》」のためにといって江戸から金百疋《ぴき》が到来したため、この年はひときわ豪華だったようだ。「肴ニ酒別段馳走也」と日記にはとても満足げなコメントが書き添えられている（嘉永七年七月二四日）。

⑤百万遍念仏

腹帯町の地蔵会で顔役によって行われている「廻向」とは、別の所に「顔役一統百万遍念仏相勤」とあることから、百万遍《ひゃくまんべん》念仏の廻向であることがわかる。

百万遍念仏とは大きな数珠を繰りながら念仏を唱えると、それぞれの念仏の功徳《くどく》を融通し合うことができるという考えに基づくもの。先に紹介した茶磨屋町の規定にも二三日夜に「百万遍ニ而祈禱并回向等」を行うことが記されていた。

『日次紀事』の七月二四日条に見える、姉小路《あねこうじ》東洞院《ひがしのとういん》で行われていたという「地蔵祭」では、「於家・店、各転百万遍数珠、及明旦」とある。この記事から、一七世紀の段階ですでに百万遍といわれる数珠繰《じゅずく》りが行われていたことがわかる。ただし、ここでは一ヶ所に集まって行うのではなく、それぞれの家や店ごとに数珠繰りを行っていたこと、さらに翌朝まで行っていたことなどがうかがえる。ここでは、二十三夜講のように決まった日に集まって月の出を待つ月待講と習合しているのかもしれないので、夜を徹して百万遍を行うのが地蔵会で一般的だったとまではいえない。ただ、地蔵会にともなう「百万遍数珠」が早い段階で見えていることは確認をしておきたい。

現在でも、地蔵盆の際には、大きな数珠のまわりに参加者が輪になって座り、念仏を唱えながら数珠をまわしていく「数珠繰り」が行われているところは多い。

⑥造り物

馬琴が「活花、花扇かけその外器物をあつめて種々の品をつくり、家毎に飾りをく町もあり」とし、富本繁太夫が「洛中洛外不残諸々思ひ〳〵餝物抔出る」とあるのは、「造り物」であろう。これは、日用品やその町の商売にかかわるものなどに素材を限定し、それらを巧みに針金や糸などでつないで、歌舞伎の場面や歴史的な物語などの様子を再現するもので「一式飾り《いっしきかざ》り」ともいわれている。

造り物については、都市の文化として近年注目を集めている〔笹原亮二ほか 二〇一四、福原敏男・笹原亮二 二〇一四、福原敏男・西岡陽子・渡部典子 二〇一六〕。地蔵会をはじめとした近世京都の事例についても、大塚活美が地蔵盆以外のものも含めて詳細に紹介している〔大塚活美 二〇一四〕。大塚と重複する史料も多くなるが、順に見ていくことにしよう。

長尾町の記録によれば、この町ではかなり早い時期から造り物が出ていたようだ（「長尾町地蔵尊縁起式帳」）。享保三年（一七一八）に町内の井筒屋新七が仮設の施設をつくって造り物を展示した。すると、それに触発されたのか町内の地蔵講が造り物を毎年出すようになったので、地蔵尊の前に設置した施設「かりや」を広げたのだそうだ。

東塩小路村《ひがししおこうじ》でも借家を会場に「作り物」が展示されており、また生け花も飾られている。

地蔵会も例年之通世話方より相勤被申《もうされ》候、尤上之町権兵衛殿借家ニ作り物出来候、猶

又万作殿表ニ生花被入《いれられ》候事　（『若山要助日記』嘉永七年七月二四日条）

　こうした史料から地蔵会の場において造り物が出されていたことは明らかであろう。ただ、その記載からは内容はほとんどうかがうことができない。史料がこのように断片的であり、他への影響も見られないことから、大塚は比較的地味な出し物であったとする。また、地蔵盆を実施している町の多さに比べて造り物の史料がきわめて少ないことから、「造り物の出るところはわずかであったともいえる」と述べている〔大塚活美　二〇一四〕。

　しかし、馬琴と富本繁太夫の書き方を見比べていると、些細だが重要な違いに気づく。馬琴は「町もあり」としているのに対し、富本繁太夫は「洛中洛外不残」とある点である。享和二年（一八〇二）の馬琴が見た時点では決して多くはなかったものが、天保六年（一八三五）にはいくらかの誇張もあるのだろうが、洛中洛外ほとんどすべての町で「造り物」が出されていると読むことができる。富本繁太夫は幇間《ほうかん》として祇園に滞在していたから花街《かがい》だけの話ではないかと疑うこともできるが、「洛中洛外」という表現からすれば花街だけに限定することは躊躇される。

　また、ほとんど同じ時期の天保三年（一八三二）に刊行された『大日本年中行事大全』巻四に七月二三日の「町々地蔵会を修す。今明日造り物あり」、二四日の「所々地蔵会造物等あり」という書き方も気にかかる。

大坂では、神社の祭礼などの場で一式飾りが行われ、町を挙げて屋根の上に飾るなどの大がかりなことが行われていたようだが、京都ではそこまで派手ではなかったのだろう。しかし、大坂で造り物の最盛期であったという天保一〇年（一八三九）から十数年にかけての時期、ちょうど同じころに京都の史料で造り物の記載があらわれていることは看過できない。やはり、天保期ころまでには京都でも少なからぬ町で造り物を競うようになっていたのではないだろうか。

ちょうど馬琴と富本繁太夫が記録を残した時期のほぼ真ん中にあたる文化一一年（一八一四）に、最近は「増長」しているようなので、派手な「造り物」をつくるのはやめて「手軽」にするように命じた触《ふれ》が出されていた。

例年地蔵 幷《ならびに》 大日会之節於町々《まちまちにおいて》造り物いたし来候処、近比《ちかごろ》ハ致増長《ぞうちょういたし》如何と存候、此後手軽に致候ハヽ、格別、大業成儀致間敷《いたすまじく》候事
（『京都町触集成』九巻八六二号）

こうした触が出されているということは、化政期になると奉行所が黙っていられないくらいの町で造り物が出され始めていたことを示唆しているだろう。また面白いことに、お

上も派手な造り物は制限しているものの、「手軽」にする分には問題ないといって、造り物を飾ること自体は容認している。

京都の「地蔵盆」では昭和四三年（一九六八）ころまで、上京区の笹屋町で、いかにも西陣らしく糸や織物関係の道具を使う一式飾り「糸人形」が行われていた。家ごとに制作した作品を格子戸をはずして展示し、往来の人びとが夕涼みがてらに眺めて歩く。笹屋町二丁目の町内では以前は八つほどは飾っていたというから、かつてはかなり盛んだったようだ〔京都の「地蔵」信仰と地蔵盆を活かした地域活性化事業実行委員会　二〇一四〕。

戦後からの写真記録によって整理された大塚の研究によれば、題材は毎年異なっており、時代物や謡曲、芝居から映画や昔話など多様なテーマが選ばれている〔大塚活美　二〇一四〕。

しかし、一式飾りに糸を使ってしまうと、再び糸として使用するためには撚《よ》りをかけなおさないといけないので、手間と余計な経費がかかるため、次第に実施しないようになってきたという〔京都の「地蔵」信仰と地蔵盆を活かした地域活性化事業実行委員会　二〇一四〕。

地蔵会のころには、六地蔵めぐりも行われており、多くの人が洛中から洛外へと足を運んでいた。その道すがら見かけることになる、あちらの町、こちらの家で製作された造り物のできはすぐに評判になっていったことであろう。造り物の製作は、地蔵会が町内だけで完結するものではなくなりつつあり、都市の行事として、見せるもの・見られるものとなってきていることを表しているといえようか。

⑦生け花

『羇旅漫録』には、造り物の説明として、「活花」が使われているところがあると記していた。造り物といわれるような造型物をつくるわけではなくとも、生け花を飾って見せるという場合もあった。先に見た茶磨屋町では、例年「立花」を四八文で誂《あつら》えることになっていた（「茶磨屋町永代当町中要用帳」）。

単に花を生けるだけでは飽き足らず、その「生花会」という行事を行う場合もあった。ここでは、いくつもの花が活けられ、華やかさを演出したことであろう。

一、当年地蔵盆ニ付てうちん張替ニ相成、尚又向ひ弥吉席ニ而《て》生花会催し候事

（『若山要助日記』慶応元年七月廿三日）

この「生花会」は、地蔵を祀っている会場ではなく、その向かい側で行われていたようだ。翌日にも「生直し」が行われているから、二日間にわたってお地蔵さまの周辺を華や

かに生花が彩っていたことであろう。

⑧「目方改」とは

下京区の吉水町には「町中目方改」という表題をもつ文政五年（一八二二）から明治二二年（一八八九）までの簿冊がある。表紙に「此帳簿文政五年ヨリ毎年町内地蔵尊祭之時、目方を測リタル扣《ひか》へナリ、明治廿二《にじゅうに》年まで」と後で書かれた附箋が貼り付けられているが、本紙には淡々と人名と「十三貫目」などの数字が並ぶだけである。試みに一頁分を挙げると次のようである。

天保十年
　亥七月廿四日
一十三貫四百目　菱嘉
一十弐貫弐百目　大半
一十六貫弐百目　藤常
一十五貫六百目　か丶平
一十壱貫弐百目　亀藤

一十弐貫八百目　　玉茂
一十三貫目　　大善
一十二貫八百匁　　長弥
一拾六貫六百匁　　勘兵衛　　拾三貫二百目　　幸祐

これだけの情報では、いったい何が行われていたのかわからない。日付の下に「地蔵会」の文字が添えられている年もあるし、天保一〇年（一八三九）もそれとは記されてはいないが、七月二四日とあるから地蔵会の際の記録には間違いないだろう。

本史料の写真帳を架蔵している京都市歴史資料館の文書目録では「吉水町地蔵尊会勘定帳」という表題が付けられている。おそらく「貫」などを銭や銀の単位とみて、地蔵会へ誰がいくら寄付金を出したかを控えた「勘定帳」であると考えたようだ。しかし、そう考えるにはやや違和感がある。まず、明治四年（一八七一）の新貨条例によって、「円」という貨幣単位が採用されて以降も明治二二年（一八八九）まで変わることなく「拾五貫目」などと記されている。明治初年は円とともに旧貨幣が使われることはあっただろうが、明治二二年（一八八九）まで流通していたとは考えにくい。

もうひとつの違和感は銀や銭の単位と考えると高額すぎることだ。公定レートでは金一両は銀六〇匁《もんめ》、銭四貫にあたる。もちろん、変動はするが、この水準で計算すれば天保一〇年（一八三九）の菱嘉の一三貫四〇〇目が銀ならば金二二三両余りにあたる。仮に銭一三貫四〇〇文だとしても、金三両余りである。これだけの金額を地蔵会に毎年支出するというのは、いかに京都の旦那衆でも、ちょっと考えられそうにない。

それでは、この「町内目方改」とは何だろうか。そのヒントが明治二〇年（一八八七）の項にあった。この年は、コレラが流行していたために地蔵会の執行を取りやめるよう行政指導があった。そのため、この年だけは「明治廿《にじゅう》年十一月四日　御火焚《おひたき》」とあるようにいつもなら八月の地蔵会の際に行っていた恒例行事を例外的に一一月の御火焚きという行事の時に実施することになったようだ。そこには、このような注記がしてあった。

綿入着用ニ付、掛目ヨリ五百目引

時期は一一月。八月と違って温かい綿入の着物を着ているから、五〇〇目（約一八七五グラム）を差し引くとある。どうやら、着衣の重さが問題になっているということは「目方改」とは、体重を計量することだったようなのだ。

つまり、天保一〇年（一八三九）は一六貫六百匁（約六二キログラム）の勘兵衛さんが堂々の優勝ということになる。どういった経緯かはわからないが、吉水町では地蔵会の恒例イベントとして、少なくとも半世紀以上にわたって町内の人の体重を量るコンテストを実施していたらしい。大勢集まってわいわいガヤガヤと楽しく盛り上がりながら、「目方」の読み上げを待っていたのだろう。とすると、「町内目方改」は地蔵会の一面を表しているだけではなく、近世近代移行期の町人の体格を半世紀にわたって記録し続けた貴重な史料ということにもなる。

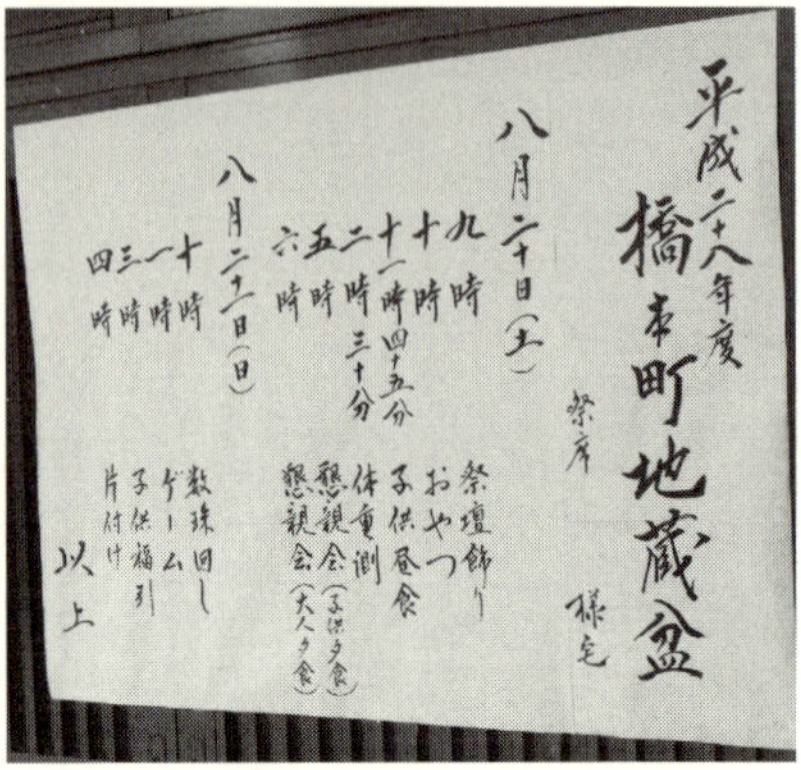

図21　「体重測」がある地蔵盆プログラム

なお、現在でも地蔵盆で行われる行事のひとつとして体重計測を行っているところもあるようだ。実際に見学することはできなかったが、二〇一六年にも地蔵盆の当日に貼り出されているプログラムに「体重測」が書かれていた町を見かけることができた。地蔵会とは、比較的柔軟にこのような町独自のイベントも取り込んで営まれていたようである。

⑨六斎念仏

ここまでは、地蔵会を主催する町によって実施された企画である。このほかにも、地蔵会のころに町を訪れて花を添えていた芸能があった。六斎念仏《ろくさいねんぶつ》である。

六斎念仏とは、もとは「六斎日」と呼ばれる月に六日の決められた日（八・一四・一五・二三・二九・晦日）に慎み心身を清めて（斎戒《さいかい》）念仏を唱えることであった。次第に芸能化していき、近世の京都では集団で鉦《かね》や太鼓を叩き念仏を唱えるものになっていった。次第に六斎念仏は近郊農村の青年たちが盂蘭《うら》盆会などに京都市中をまわって行うようになった。そうするうちに、彼らの芸能は念仏を中心とした念仏六斎から芸能的要素がより強くなっていき、曲打ちを見せたり、江戸中期流行の長唄や祇園囃子《ぎおんばやし》を太鼓のリズムに採用したり、狂言や大神楽などの芸を取り入れた芸能六斎へ変わっていった。

図22　六斎念仏

こうした六斎念仏が、盂蘭盆のころから地蔵会のころにかけて、次々とやってくる。例えば、四条大宮町では安政二年（一八五五）には七月一六日に「六斎夥《おび》敷《ただしく》来《きたる》。夜同断」と終日、六斎念仏が来ているが、さらに二三日の地蔵会のさなかにも「六斎念仏格別ニ夥敷」来ている。

同じ年、東塩小路《ひがししおこうじ》村では「当年ハ近村十三ヶ所へ六斎相頼《あいたのみ》候ニ付、今早天、下津林村・上鳥羽橋裏二ヶ所被参《まいられ》候事」（『若山要助日記』）とあり、地蔵会にあわせて来てもらえるように近隣の六斎念仏集団に声をかけている。もちろん、供養としての念仏を期待してもいただろうが、六斎念仏は天明七年（一七八七）ころには「近年はおどけ狂言をまじへて衆人の目を悦ばし」めていたという（『拾遺都名所図会』巻二）。東塩小路村がわざわざ六斎念仏を誘致しているのは、地蔵会における一種の娯楽として待ち望んでいたという側面も小さくなかったはずである。

もっとも、幕末の政治的緊張により、京都の治安が悪化していた文久元年（一八六一）ころには四条大宮町をおとずれる六斎念仏も徐々に減少していたようで、文久二年（一八六二）の「地蔵祭」の日には「当年六斎念仏甚無数　漸《ようやく》七組来ル」とある。かろうじて七組がやってきた（「漸七組来ル」）という表現からすれば、「無数」は沢山の意味ではなく、「数無し」と読んで数が少ないという意味にとるべきだろう。毎年、この日には多くの参詣者がある壬生寺へも、訪れる人が例年よりも少なかったことを伝えている（『高木在中日記』）。

六斎念仏は近郊農村の青年たちが行っていたもので、生活がかかっているというわけではなかった。治安が悪化している京都の市中へ、わざわざ六斎念仏をしに出かけようという人も減ってきていたということだろうか。

⑩俄

地蔵会に六斎念仏を誘致していた東塩小路村の記録を見ていると次のような記事があった。文久二年(一八六二)のことだ。

一、地蔵会ニ付、市焼場ニ而ニワカ致し、雨風ゆへ亥ノ刻過《すぎ》に仕廻《しまい》候事、尤役者給金金弐歩遣ス

(『若山要助日記』文久二年七月二四日)

「ニワカ」とは、俄《にわか》狂言のこと。江戸時代の中頃から京阪で流行した即興で行われる滑稽な寸劇、コントのことである。市焼場という場所で俄狂言が演じられていたようだ。日記の同日条に、当時吹き荒れていた天誅《てんちゅう》と呼ばれるテロによって、四条河原で生首を竹に刺してさらしていたという噂が書き留められている。先に見たように、この年は六斎念仏の活動も減少している。

そんななか、東塩小路村では六斎念仏に代わる新たな娯楽として、「ニワカ」が行われた。見落としてはならないのは「役者給金金弐歩遣ス」という文字。「弐歩」＝二分といえば一両の半分にあたる。結構な額である。つまり、それなりの「給金」が必要となるプロの役者を呼んできていたということだ。

その後も東塩小路村では、慶応元年（一八六五）に同じ市焼場で「浄瑠璃《じょうるり》」が行われている。これは素人浄瑠璃の発表会であろうか。

どうも幕末の東塩小路村では、毎年いささか派手なイベントが行われていたようだ。ちょっと不思議な気もするが、東塩小路村では「例年之通若中より相錺《あいかざる》」（嘉永六年）とか「世話方幷若中惣出ニて地蔵堂錺付いたし」（安政二年）などとあるので、地蔵会は町の「世話方」と呼ばれる当番とともに「若中」と呼ばれる青年組織によって運営されていたようだ。

近世後期、各地で若者仲間が力を付けていき、村の上層部を突き上げて休日の増加を認めさせたり、村芝居や盛大な祭りを行うようになっていた〔氏家幹人　一九九四〕。幕末の動乱期に、鬱屈したエネルギーのはけ口を求めていた青年たちの手に地蔵会が渡りつつあった東塩小路村では、行事も派手になってきていたのかもしれない。

五　もうひとつの〝地蔵盆〟——大日会

ここまで「地蔵会」のことばかりを述べてきたが、実は京都の辻に祀られているのは地蔵だけではない。注意深く、まちかどの祠の提灯や額などを見ていると「天道大日如来《てんどうだいにちにょらい》」と記されているものを見つけることができる。

大日如来といえば、真言密教の教主であり宇宙の実相を現した仏様。金剛界《こんごうかい》大日如来と胎蔵界《たいぞうかい》大日如来の二尊があるそうなのだが、ここで「大日如来」と呼ばれているのは「お地蔵さま」とまったく同じように像容も明らかでない石仏のことが多い。どちらも「お地蔵さま」と混同して呼ばれることも多いが、祠を管理している地元では当然ながらきちんと区別している。

図23　天道大日如来（北区）

例えば、太秦広隆寺《うずまさこうりゅうじ》門前の太子《たいし》前町では、東から順に愛宕灯籠と地蔵堂・大日堂が並んで建っている。現在は地蔵盆の日に一緒にお

図24　「お地蔵さま」と「大日如来」が一緒に祀られている地蔵盆（右京区）

祀りしているが、その時には大日如来を一番左に置き、右に残り四体の「お地蔵さま」を並べている。お供えもそれぞれの地蔵・大日尊にお供えするので五つ用意している。

もともと、地蔵会は地蔵の縁日の二四日に行うが、天道大日は二八日ごろに「大日会《だいにちえ》」といってお祀りをする。だから、地蔵と天道大日をお祀りしている町内では、二回続いて行事が行われていた。例えば、腹帯町（上京区）で嘉永年間のできごとを記録した「腹帯町永代記録帳」（腹帯町文書）を見ると、嘉永五年（一八五二）には七月二三日に地蔵会が例年通り行われたと記したすぐ後の二七日に「例年之通大日会無滞相済候」とある。

さすがに忙しい現在では、そんな悠長なこともいっていられないので一回にまとめてしまっているが、先ほどの太秦太子前町でお話を聞いた際も、子どものころには地蔵盆と大日盆は別の日に行われていたので、昔は二回遊べてよかったといっていた。

それでは、この大日会（大日盆）はいつごろから始まったのだろうか。これについては、今のところ史料に基づく明確な答えをもっているわけではないのだが、おそらくは地蔵会よりも遅れるのではないかと考えている。

寛文二年（一六六二）に刊行された年中行事を紹介する仮名草子『案内者《あんないしゃ》』や、貞享二年（一六八五）の序文がある黒川道祐による京都の年中行事書『日次紀事』には、「地蔵祭」は立項しているが、どちらも天道大日如来を祀る大日会については全く触れていない。

天保三年（一八三二）刊の『大日本年中行事大全』には七月二四日の地蔵会に加えて二八日の項に「所々大日祭昨今日」とあるから、一九世紀には広く見られるようになっていたのだろう。京都の町触においては、地蔵会とともに「大日会」が出てくるのは、文化一一年（一八一四）に「造り物」を華美にしないようにと注意を喚起した時のものだ。

ただ、前に紹介した井戸から地蔵が発見された上京区の須浜町では、新たに発見された石仏を祀るために寄附された「西之辻ニ有之《これあり》候大日様の古き堂」を「繕ひ修覆」して使っている。これが文政四年（一八二一）のことだから、古くなっていたという「大日様」を祀っていたお堂は一八世紀後半にはつくられていたものかもしれない。

これらのことから、天道大日如来を祀る大日会が広がっていくのは、早くても一八世紀半ばころのことかもしれない。

さらにもうひとつ、付け加えておきたいことがある。それは、『大日本年中行事大全』

の七月二四日「地蔵会」の項で地蔵会について触れたあと、「神道家には今日道祖神を祀る」とあることだ。道祖神《どうそじん》とは、塞《さえ》の神・岐《くなどのかみ》神などとも呼ばれて境界などに祀られ、外部から災いや悪いものが入ってこないように防ぐ神である。その性質から、猿田彦《さるたひこ》神などとともに地蔵菩薩と結びつくことも少なくない。この神道家が道祖神を祀るという儀礼については、いまのところ史料を見つけられていないのだが、一九世紀に神道家たちの間で、地蔵のかわりに道祖神を祀っていく動きがあったのかもしれない。

知識人の間では、早くから地蔵会を『延喜式《えんぎしき》』などに見える古代祭祀の道饗《みちあえまつり》祭と関連して理解する認識はあったが、この道祖神祭が地蔵菩薩の縁日に行われていることからみて、地蔵会に先行していたものではあるまい。神道家が仏教的な行事に対抗する意味で創出していったものであり、近世後期の神道や国学の高まりを反映したものと考えないといけないだろう。

近代の大阪府では、「地蔵」として路傍に祀られてきた石仏の撤去を命じるとともに、古代律令祭祀の道饗祭を引き合いに出して、「地蔵」とは本来は「道祖神」であるといって「道祖神祭」への変更を要求している〔村上紀夫　二〇一六b〕。地蔵盆の起源として、古代の道饗祭や道祖神祭祀から説明する論者も少なくない〔五来重　二〇〇七、二〇〇九など〕が、近世後期から近代に創られた言説の影響をうけている可能性も考えてみなければならない。

私たちが、「お地蔵さま」といい、「地蔵盆」と呼ぶ行事も、よくよく目をこらしてみれば、それほど単純ではなかったようだ。

六　停止・中断させられる地蔵会

地蔵会は江戸時代を通して何事もなく行われ続けたというわけではない。

例えば、安政三年（一八五六）には、「来ル廿三日廿四日両日町々地蔵会之処、廿三日者《は》新待賢門院御葬送当日之儀、火之元之儀も有之候《これありそうろう》間《あいだ》、延引いたし可申候《もうすべく》」という触が出されている（『京都町触集成』第一二巻六九八号）。孝明天皇の母、新待賢門院《しんたいけんもん》の葬儀と地蔵会が重なっているため、幕府は当日に各町で行われるであろうはずの地蔵会を延期するように命じている。

この町触をうけて、吉水町では普段より一日遅れの二五日に実施していた（「町中目方改」）。東塩小路村でも「当年は御停止ニ付、廿三日・四日例年地蔵会相勤候処、延引可致《いたすべき》御触相廻り、右ニ付今廿五日・六日両日ニ相成」とあって、地蔵会の開催を遅らせている（『若山要助日記』安政三年七月廿五日条）。こうした配慮をした町は多かっただろう。

ほかにも、宝暦元年（一七五一）の徳川吉宗が死去した際や、宝暦一一年（一七六一）に徳川家重、また宝暦四年（一七五四）七月二一日に伏見宮貞建親王《ふしみのみやさだたけしんのう》の死去にともなって、楽器演奏などを禁じる鳴物停止令《なりものちょうじれい》が出されると、地蔵会も影響をうけていた（「長尾町地蔵尊縁起式帳」）。この時、長尾町では葭《よし》で囲って外から見えないようにしたり、当番宅のなかで小規模に実施するなどの変更を余儀なくされている。長尾町は、二条城の北に約五〇〇メートルの至近距離にあり、近くに京都所司代もあるから、特に気を遣ったことであろう。

また、地蔵会そのものへの直接の介入ではないのだが、宮廷行事や勅使派遣の際などに石仏を囲って外から見えなくするように命じる触がしばしば出されている。

例えば延享元年（一七四四）に臨時奉幣祭が再興され、宇佐宮に勅使が派遣されることになった際には、あらかじめ勅使が通る道筋が示されたうえで「右道筋石塔、石仏類目障りニ不相成様ニかるくかこひ可申候事」（『京都町触集成』第三巻六六号）と達せられた。

こうした場合、地蔵などの石仏は米俵の菰《こも》を使って囲われていたようで、『見た京物語』には「新嘗祭《にいなめさい》等の時は、右の地蔵へ明俵などをかぶせる」と書かれている。石仏を「目障り」とする思想がどこから生じたものか考えてみると興味深いが、いずれにしてもお地蔵さまにしてみればとんだ災難だったに違いない。

権力の介入だけではない。これは鳥羽のことだが、宝暦元年（一七五一）から三年（一七五三）にかけて、浄土宗寺院の僧が本山の教義と異なる教えを広めたと問題になる事件が起きている。その時に、問題になっていた僧は「地蔵祭」をやめろと主張していたようで、一度は行事のためにもちだしたお地蔵さまを「つれもどし」たのだという。それを見た近隣の人びとも「是を見習ひ其辺之町々多く地蔵祭を相止メ」たと責任を追及されている〔平祐史 二〇一二〕。本山による批判の妥当性や教義の解釈問題などについては、筆者のよくするところではないが、一部の僧侶による宗教的な主張によって、地域の地蔵祭が左右されたこともあったということだけは確認しておいてもいいだろう。

また、京都は幾度も大きな火事に見舞われた。江戸時代には、寛文元年（一六六一）、延宝元年（一六七三）、宝永五年（一七〇八）の宝永の大火、享保一五年（一七三〇）の西陣焼け、天明八年（一七八八）の天明の大火、嘉永七年（一八五四）の大火など、広い範囲に被害が出た大火災が何度も起きている。

火伏せの神として知られた愛宕の神と習合し、町の防火も期待されていたともいわれていたお地蔵さまであっても、時には火事に遭ってしまうこともあっただろう。例えば、下京の茶磨屋町の地蔵堂は天明の大火で類焼してしまったようだ。

町中地蔵尊御堂類焼ニ付、此度一統申合建立いたし申候事
天明八年戊申年七月廿三、四日両日共、年寄清七方裏地面之内へ四畳半建之《これをたつ》、右場所ニ而祭古来ゟ《より》之通ニ相勤候ニ付、当町始り候後、祭一ヶ年も無退転相勤申候事、後信仰申上町中一統ニ繁昌仕度奉祈候事、追々施主等申合退転不致《いたさず》相勤来候事

（「茶磨屋町永代当町中要用帳」）

天明八年（一七八八）の一月に起きた大火で町内の地蔵堂も焼失してしまっていたようだが、町が始まって以来これまで一度も中断することなく行ってきた地蔵会をやめるわけにいかないということで、七月の地蔵会の時までに四帖半の地蔵堂の再建を間に合わせている。この時は町の被害も甚大だったようで、同書によれば町にあった家屋の多くも類焼をまぬがれていない。町の生活再建をしながら同時に地蔵堂の再建をするのはおそらく容易ではなかったはずである。

安政五年（一八五八）六月、下京の諏訪町万寿寺より出火し、松原通り以南、新町以東が被災、東本願寺枳殻御殿《きこくごてん》（枳殻邸）すらも焼失した火事があった。京都の行政警察機構を担った雑色《ぞうしき》仲間の記録によると、この火災では一一五ヶ町で三五八二軒の被害が出ているが、あわせて一七ヶ所の「地蔵堂」が焼失したことが報告されている（『小島氏留書』安

政五年六月一〇日条)。

これほどの火災で地蔵堂の被害がたった一七ヶ所というのはやや少ないようにも思えるが、地蔵堂の近くに設置されることの多い髪結床《かみゆいどこ》では一一ヶ所、番部屋は二六ヶ所の被害とほぼ同じくらいの数字である。あるいは、住宅と密接していないなどの理由で類焼をまぬがれた地蔵堂もあったのだろうか。

京都を襲った火災のなかでも、特筆すべきは「どんどん焼け」あるいは「鉄炮焼け」などとも呼ばれる禁門の変にともなう元治元年(一八六四)の大火であろう。

文久三年(一八六三)の政変によって尊攘派が京都から追放されたことで長州藩は足がかりを失っていた。勢力挽回のために京都に潜入していた長州藩士たちが池田屋で襲撃された事件をきっかけに、長州藩は兵を率いて上洛、会津・薩摩藩を中心とした公武合体派と京都で衝突した。戦端が開かれたのは元治元年(一八六四)の七月一八日夜半。一時は長州藩が京都御所に迫るも薩摩藩が戦闘に加わったことで戦況は長州藩が劣勢になり、藩邸に火を放って敗走する。この戦闘によって御所南側の丸太町通り以南、堀川通り以東の広大な地域が焼失する被害をうけた。

この時の様子を東塩小路村の若山要助は「上辺之町人男女雑具つゞら持運ひ、上を下へとかへし大混雑ニ相成、其中ニ大筒鉄炮の打合有之《これあり》、鎧武者の死人夥しく有之、京中の貴賤老若男女かまひすく泣き叫ひ、東西南北ニ迷ひ廻り、誠ニ目もあてられぬ事共なり」と記している（『若山要助日記』元治元年七月一九日条）。火は二一日になっても鎮まらず、かろうじて焼け残った土蔵にも火が入って、あちらこちらで火の手が上がる。逃げまどう町人たちは、東塩小路村の青物畑へ作付けしているところへもかまわず足を踏み入れてくるありさま。さらに、大火で地上が熱せられたせいか、「魔風吹をこり」諸道具を巻き上げていった（『若山要助日記』元治元年七月二一日条）。

地蔵会は目前とはいえ、このような状況ではとてもそれどころではなかったのであろう。例年の地蔵会を記している『若山要助日記』や『高木在中日記』でも、この年ばかりは地蔵会についてまったく触れていない。

吉水町の地蔵会で行われていた目方改の記録「町中目方改」を見ても、記載は「文久三亥歳」（一八六三）の次が「慶応元丑歳」（一八六五）となっており、禁門の変があった元治元年（一八六四）には行事が行われていなかったようだ。

この時には京都の町に少なからぬ被害が出ていたのだから、地蔵堂やお地蔵さまだって無事にはすまなかったはずだ。そんななか、下平野町（下京区）である奇跡が起きた。

（上略）元治元年甲子七月十九日騒動起り、尤平日は土蔵に納り御座候処、此度も年寄三文字屋伊兵衛、酒造土蔵ニ納り御座候処、翌廿日之大火ニて三文字屋土蔵焼墜ち不残《のこらず》焼失致し、其翌日廿一日漸く火鎮り候故、右土蔵之灰掻致し候中より、何歟《か》表具様之品相見へ候ゆへ、早速洒船之火中を押分ケ取出し候処、嗟乎《ああ》誠にあらたかなる哉《かな》、表具等ハ猛火ニボロ〳〵（ボロボロ）に相成《あいなり》候へども、唯《ただ》地蔵尊之絵姿ハ厳然として聊《いささか》も損しさせ給はず（下略）

（下平野町「地蔵尊略縁起」）

元治元年（一八六四）に京都を襲った大火の際、下平野町で古くからもち伝え、毎年の地蔵会では本尊として祀っていた地蔵の絵像を納めていた土蔵が焼失した。地蔵尊を預かっていた家で、焼け落ちた土蔵の後片付けをしていると何やら表具のようなものが見える。急いで取り出すと、表具の部分はぼろぼろに焼けてしまっているが、何とお地蔵さまの絵姿には疵《きず》ひとつ付いていなかったという。

ありがたさに「感涙を流し」た町の人びとは、焼け残っている仏壇を飾るための「打敷」という敷物をつかって表具を直し、一月遅れの八月二四日に仮設の施設にお地蔵さまを掛けて祀り、百万遍を勤めてお菓子などを供えて供養したという。怠りなく祭祀が続けられるよう、後年の人びとに伝えるためにと記された縁起には「大切ニ勤行有之《ごんぎょうこれあり》候て御信心を可被成《なさるべき》様、奉願上候、穴賢《あなかしこ》」と結ばれている。

あの猛火のなかでも焼失していなかった——という驚きが、人びとの信心に火を付けたようだ。明治二〇年代以降のものとみられる下平野町のお地蔵さまへの浄財の喜捨名簿は「火中出現画像地蔵尊有志記」と題されている。どうやら、お地蔵さまの奇瑞は二〇年以上経過しても語り伝えられ、「火中出現」という名前で呼ばれていたようだ。

このような小さな奇跡もあちこちで起きていたかもしれない。また、幸いにして被害をまぬがれたところなどでは、翌年には地蔵会を再開することができたようだ（吉水町文書「町中目方改」・『若山要助日記』・『高木在中日記』）。

しかし、その後にお地蔵さまにとっては最大の災難がおとずれることになる。

第四章

近代の地蔵会

国を挙げて文明開化をめざしていく近代の訪れとともに、京都の町では盆行事が無駄なことだと禁止され、それまで辻ごとに祀られていた「お地蔵さま」も撤去が命じられた。近世から町ごとに続けられていた地蔵会も中断してしまう。しかし、明治一六年（一八八三）に盆行事の禁止令を撤回する布達が出されると新聞でその情報が広がり、盆行事は一気に息を吹き返していく。地蔵会も盆に行われる一連行事のひとつとして復活をする。そうしたなか、地蔵会が盆行事として意識され、「地蔵盆」という言葉も使われるようになる。

一　「お地蔵さま」が消えた日——明治四〜五年の廃止

明治四年（一八七一）一〇月、京都府からある布達が出された。

当府下町々の内従来大日・地蔵の像を置き、町中にて是を祭祀し無益に米銭を寄付し、時としてハ多人数集会参拝し無用に時日を費《ついや》し、甚《はなはだしき》敷ハ軒役竈別《かまどべつ》ニ割り掛出金いたさせ、剰《あまつさえ》利生霊顕など、唱へ、諸人之惑を醸《かも》すこと奇怪之至り也、試ニ考《かんがえ》よ、此儀《このぎ》霊顕利生之功徳ありて尊敬すへきものならは、如《かくのごとく》此路傍ニ麁略《そりゃく》し置《おく》べからす、又其在る所必しも無難繁栄なるにもあらす、其無き町必しも疲弊災難あるにもあらす、或ハ溝中ニ落ち塵芥中ニ倒れたるあれとも、是を顧るものなきにいたる、如《かくのごとき》此ハ必《ひっ》竟《きょう》仏ニ狎《な》れて其威徳を瀆すに非れハ、邪説人を惑し世の妨けを成すといふへき事なれは、自今《じこん》停止《ちょうじ》候条《そうろうじょう》、在来之堂祠偶像等早々取除可申《もうすべき》事

但、堂祠其外売却相成ものハ、売払代料其組小学校へ相納置可申、石像等売却不相成ものハ、同断小学校へ取片付置可申事

右之趣諸町組江無洩相達るもの也

辛未十月　京都府　（『京都町触集成』第一三巻　一四八六号）

この布達は、京都の町で地蔵・大日如来の像を安置し、人びとが祭祀することが無用のことであると説き、既存の堂とそこに祀られている仏像を取り除くことを命じるものである。

文末の但し書きでは、その撤去についてさらに細かい指示がなされている。地蔵堂などは売却し、その代価を小学校の運営資金として納めること、石仏のような換金が難しいものは、小学校に片付けておくことが伝えられている。京都では明治五年（一八七二）の学制に先立って、明治二年（一八六九）に全国に先駆けて町組を単位とした番組《ばんぐみ》小学校が建設されていた。近代化を急ぐ新政府の人びとにとってみれば、地蔵堂のような無駄なものはさっさと売り払ってしまい、新しい時代を担うにふさわしい子どもの教育のためのお金として使った方がよほど有効だと考えたらしい。

もっとも京都では、石仏を小学校へ撤去するようにとされているが、滋賀県や兵庫県では近くの寺院に預けるようにと命じられている（『府県史料』）。京都でも寺院に預けられた石仏も多かったようで、「残ラズ壬生《みぶ》ニ遷《うつ》サレシヨシ」と地蔵信仰で知られる壬生寺へ多くの石仏が移されたと報じられている（『日要新聞』明治五年一月）。

三十三所観音霊場の札所でもある革堂《こうどう》行願寺《ぎょうがんじ》の境内には、元治元年（一八六四）四月の年号と「町内安（全）」と刻まれた線香立てをもった地蔵堂があった。地蔵堂自体は再建されてはいたが、「町内安全」と刻まれた前近代の石造物をともなう地蔵堂は、どこかの町内に祀られていたものが地蔵堂ごと寺院内に引き取られたものかもしれない。

こうした地蔵堂の撤去が進められるなか、さらに追い打ちをかけるように翌五年の七月

図25　壬生寺に集められている石仏

図26　「元治」の年号を刻む線香立てがある革堂行願寺境内の地蔵堂

には次のような布達が出された。

第百五十七号
従来之流弊《りゅうへい》七月十五日前後を以而《もって》盂蘭盆会と称し、精霊迎《しょうりょうむかえ》・霊祭《たままつり》抔迚《などとて》、未だ熟せさる菓穀を采て仏ニ供し、腐敗し易き飲食を作而《つくりて》人ニ施し、或は送り火と号して無用之火を流し、或ハ川施餓鬼《かわせがき》・六斎念仏・歌念仏《うたねんぶつ》なと無謂《いわれなき》事共を執行し、或は六道之迷を免る迚《とて》、堂塔ニ一夜を明し、又は千日之功徳ニ充るとて之《これ》か為《ため》に数里之歩を運ふ等畢竟《ひっきょう》悉《ことごと》く無稽之謬説《びゅうせつ》・付会之妄誕にして、且追々文明ニ進歩する児童之惑をも生し候事ニ付、自今一切令停止候事
右之通管内無洩相違るもの也
　壬申七月八日
　　京都府
（『明治五年　京都府布令書　二　明治五年自五月至十一月』）

ここでは、送り火や千日参り、六斎念仏など多様な盆行事が、ひっくるめて「無稽之謬説・付会之妄誕」とやり玉に挙げられている。「文明」国をめざす今、このような無駄で古くさい習慣は一掃すべしという。しかも、高温多湿の季節に親族を訪問して飲食を共に

するなど衛生上も問題がある――これが京都府側の理屈であった。

この布達を伝えている明治五年（一八七二）七月の『京都新聞』三四号には、布達を掲載したあとで、次のような解説とコメントを付していた。


右ハ由来ノ陋習《ろうしゅう》ヲ一洗シ開化ニ赴《おもむ》カシムルノ御主意ニ付、家毎ニ其長タル人ハ家妻ヲ始メ幼稚ノ子女ニ至ルマデ精々説諭《せつゆ》ヲ加へ、其惑ヲ明弁セシメ智識ノ進ムヲ冀望《きぼう》スルナリ
○或人ノ句ニ　盂蘭盆ヤ閻魔モ抜ヌ釈迦ノ舌

実際に「説諭」がどの程度広く行われたかはわからないが、こんなことにうつつを抜かしている暇があったら、どうすれば「智識」が進むか考えろということのようである。ある種の開明的な人びとからは、お釈迦様が嘘つき呼ばわりをされるような時代が来ていたというわけだ。

この時の京都府知事は公家出身の長谷信篤《ながたにのぶあつ》だったが、その片腕として辣腕《らつわん》を振るっていたのが長州出身の槇村正直《まきむらまさなお》であった。権大参事、そして大参事という、いわば副知事にあたる立場にあって実権を握り、「槇村の京都府か、京都府の槇村か」とまでいわれていた

図27　槇村正直
（京都府立京都学・歴彩館蔵、京の記憶アーカイブより）

〔今西一　一九九九〕。

槇村は、廃仏や旧慣を否定することに躍起になっていたらしい。京都府庁を二条城内に設置することになった際に火の見櫓《やぐら》を城内に築造することになったのだが、その台座をつくるために「路傍の石地蔵を取集めて、石垣を作ったのを見たことがある」と羽根田文明という人物は記している〔羽根田文明　一九二五〕。また、羽根田は続けて、小学校のなかには付近の石地蔵を柱石にしたところがあったとか、学校の便所の踏み石にして、教師が自らその上で用便をして「これ此通《このとお》り、罰も何も当らぬから、此で用便せよ」といったとか。これは羽根田の友人による「実見談である」としているが、こうしたあり方が一般的だったのか、あるいは極端なできごとであったのかは注意が必要ではある。

ただ、このような、地蔵堂や石仏の撤去を命じたり、地蔵会などの盆行事を禁止する法令が、京都だけではなく近畿圏で明治初年に相次いで出されていたことは林英一によって指摘されている。林は『府県史料』から、京都府以外でも明治三年（一八七〇）七月に滋賀県、明治六年（一八七三）に兵庫県で地蔵撤去の命令が出されたことを明らかにした〔林英一　二〇〇八〕。大阪府でも明治五年（一八七二）に地蔵をはじめとした路傍の小祠が撤去させられていた〔村上紀夫　二〇一六b〕。

林は、この近代初頭の地蔵撤去命令を重視し、これによって近世に行われていた「地蔵祭」「地蔵会」が断絶し、明治半ば以降になって「地蔵盆」として復活したと論じている〔林英一　二〇〇八〕。奥野義雄も近世の「地蔵会」「地蔵祭」と近代以降の「地蔵盆」の間に横たわる断絶が重大な変化をもたらしたとし、その前後に起きた呼称の変化は「地蔵盆の原型」にかかわる問題であると指摘する〔奥野義雄　一九八六〕。

そうはいっても、今でも京都の町には実に多くのお地蔵さまがお祀りされており、「地蔵盆」もあちらこちらで行われているではないか。一片の法令が出されたからといって、はたして実効性はどれくらいあったのか——という疑問が浮かんでも当然であろう。

例えば、京都の町にある「お地蔵さま」の祠には、近世の年号を刻んだ線香立てなどの石造物をともなうものもある。撤去されたのなら、こうしたものが今も残っているはずはないではないか。

一度、権力によって地蔵が本当に撤去され、地蔵祭が断絶していたとすれば、再びおびただしい数の地蔵堂が京都の町にあらわれ、少なからぬ町で「地蔵盆」がまた行われるようになったのはなぜなのか。
また、呼称の問題にしても、京都では慶応元年（一八六五）、東塩小路村の若山要助が日記に「地蔵盆」と記している（『若山要助日記』慶応元年七月廿三日条）。写真で原文も確認したが「地蔵盆」で間違いはなく、近代の中断以前にこうした表現が使われていたことは事実である。近世の「地蔵会」が断絶してから「地蔵盆」になるのだとすれば、近世も最末期のことではあるが、すでに「地蔵盆」という表現があったことはどう考えればいいのか。

実は、そのあたりの事情はいままでよくわかっていなかった。近世近代の「地蔵」について詳細な分析を加えて切り込んだ林英一は、聞き書きでは「明治の初めころには地蔵を祀るようになったとの伝承が多く聞かれ」るため「地蔵の棄却がなされてからそう時間がたたずに復祠されたと推察することができる」が、「文字記録は今のところ見つかっていない」ために明らかにできないとする。

そして、「即断はできないが」と一定の留保をしながら、記録から「復活は明治半ば頃とみるのが妥当であろう」と述べている〔林英一　二〇〇八〕。結局のところ、地蔵堂や「地蔵盆」がいつ・どのように復活するかについては明らかにされていないのだ。

実は、京都にはいくらか、この間の経緯を伝える文献史料が存在している。以下に、明治初年のお地蔵さまと「地蔵会」の行方について見ていくことにしたい。

二　お地蔵さまの撤去と地蔵会の中断

志水町（下京区）の「志水町御一新弁町記録」には以下のような記事が掲載されている。明治四年（一八七一）一〇月四日とあるから、地蔵堂などの撤去命令をうけてすぐのものだろう。

一市中町々に地蔵堂有之《これあり》、毎年七月廿四日地蔵会致し来り候処、今般御停止《ハイシ》ニ付、右地蔵取払ニ相成候、当町内大嶋喜左衛門軒下ニ地蔵堂表口五■《尺》奥行三尺之内ニ石地蔵二体祭り有之《これある》処、此度小学校江《え》差出し可申処、大嶋喜左衛門・志水清助両人買主として大嶋喜左衛門之裏江入置申候

　但し地蔵堂壱貫文、石仏二体弐百五十文小学校江差出し候

　　明治四辛未十月四日

この志水町では、明治の初めまでは町内の大嶋喜左衛門という人の屋敷の軒下に幅五尺

（約一・五メートル）、奥行が三尺（約九〇センチメートル）の横長の地蔵堂があり、そのなかには二体の石仏が納められており、七月二四日には「地蔵会」も行われていた。ところが、明治四年（一八七二）一〇月に地蔵の石仏を布達通りに小学校へ差し出すことになった。

そこで、それまで軒先にお地蔵さまを祀っていた大嶋喜左衛門と同じ町内の志水清助が石仏を買い取ることにして、自宅の裏で保管をすることになったようだ。

本来であれば地蔵堂などは換金して小学校の運営資金に充てるはずだったから、お地蔵さまを買い取ることになった大嶋喜左衛門らは、小学校に対して相応の銭を支払っている。

ここで興味深いのは、この時に出されていた布達の文面で指示されているのは、あくまでも大日・地蔵といった石仏の取り払いだけなのだが、志水町では地蔵会の「御停止《ハイシ》」と理解しているところである。布達に「町中にて是を祭祀し無益に米銭を寄付し、時としてハ多人数集会参拝し無用に時日を費し」と批判していたことから、地蔵堂の存在のみならず、地域社会では祭祀も否定されたものと受けとられていたようだ。

同様のことは他所でも起きていたようだ。錦小路通りを烏丸通りから西へ歩いていた時、油小路あたりにさしかかったところにあったお地蔵さまの祠をのぞくと、額におさめられた次のような文章が目に飛び込んできた。

世継地蔵大菩薩
（厄除地蔵尊）

開基　天保八年八月十五日

自来当町内に祠堂安置しありたるも明治初年　時の権大参事槇村正直の命により祭祀を禁じらる

依ってA氏に嘱して内祠することとして保護安置し来たりたるも昭和五年十月同氏移転に際し町内へ返還せられたり

依て町会を開催し多数の協賛を得

当所へ祠堂建設を決議し左記三名を建設委員に委嘱し昭和六年八月一日地鎮祭を施行

同月二十二日御入仏式を挙行し　引続き第一回地蔵盆を施行す　（一部改変した）

明治初年に槇村正直によって地蔵祭祀を禁止されたため、お地蔵さまをA氏が自宅に預かってお祀りを続けていたことを伝えるとともに、その後A氏が転居することになった際にお地蔵さまが町に返却され、ふたたび地蔵堂を建立し、「地蔵盆」を始めたとしている。

明治初年に地蔵の祭祀が禁止され、個人がお地蔵さまを引き取ったとあることにまず注意しておきたい。時期は明記されていないが、明治四年（一八七一）ころのことだろう

図28　地蔵堂内に貼られた世継地蔵大菩薩の由緒書

（四年だと槇村は京都府大参事になっているようだが）。京都府からの布達によって、表だっての祭祀が難しくなり、町内の個人がお地蔵さまを預かっていたようだ。そして、その人が転居することになるまでは自宅内でひっそりとお祀りを続けていたようなのだ。

額に納められた文字は印刷されたものなので、それ自体は古いものではなさそうなのだが、「左記三名」とあるにもかかわらず、その部分が書かれていないこと、内容自体は昭和初年の出来事であることなどから考えると、別にあった古い記録をもとにして作成したものかもしれない。いずれにしても、これ自体は同時代史料といえるものではないが、志水町の例などを考えれば、充分にありうることであろう。

こうした地蔵堂の撤去令の結果、京都の町の景観は一新されたようだ。明治五年（一八七二）の『京都新聞』第二七号に「街衢《がいく》一新」と題した次のような記事がある（傍線は引用者)。

(前略)小石ヲ除キテ道砥ノ如ク、諸溝ヲ蓋フテ臭汚ヲ遠サケ、尿所ヲ設テ濫溺ヲ禁シ、町々ノ木戸・地蔵堂幷番小屋・塵捨場等皆取払ヒ縦横ノ街衢斉整心目ヲ爽ニシ闇ヲ照ス万灯ハ独リ京都ノ月夜カト疑ハル、之ヲ両三年前ニ比スレハ実ニ別天地ノ心地セリ(下略)

つまり、京都の町で辻ごとに設置されていた防犯などのための木戸を取り払い、木戸のそばにしばしば置かれていた地蔵堂や番小屋、ゴミ捨て場を撤去した。それにより、道路を遮断するものがなくなって、街路が縦横にまっすぐ通ったのだという。さらに路上の石を取り除き、溝に蓋をして馬車などを通りやすくしたこととともに、あちこちに公衆トイレ(「尿所」)を設けたことで町がきれいになった。

ちなみに明治六年(一八七三)四月の『京都新聞』七〇号の「変革ノ概」を見ると、「街衢午道々々《ツヂツヂ》ノ地蔵堂幷ニ剃剪家《カミユヒドコ》ノ跡ハ便所トナル」とあるから、往来に設けられていたという公衆トイレは、かつて木戸脇にあった髪結床や地蔵堂を撤去した跡に設置されたものらしい。

地蔵堂の撤去は、京都の美観とスムーズな交通に貢献しているということだ。大阪府では路傍の地蔵堂は、まず往来運輸の妨げとして問題視されていた〔村上紀夫　二〇一六b〕。京都の布達では大阪のように往来のことは明言されていないが、明治初年には、大阪だけでなく京都でも防火や交通の利便性のために、道路境界線から張り出した建築の撤去やセットバックを進める庇地制限制度が進められていた〔石田頼房　一九八七〕。京都においても、地蔵堂の撤去は、近代的な都市景観をつくるための施策のひとつとして推進された面もあったのではないだろうか。

京都府の方針の力点が旧態依然たる習慣の廃止にあった開明政策だったのか、あるいは交通運輸の整備にあったのかについては、もう少し実証が必要ではあろう。しかし、『京都新聞』のやや大げさな「闇ヲ照ス万灯ハ独リ京都ノ月夜カト疑ハル」といった表現はさておくとしても、「両三年前ニ比スレハ実ニ別天地ノ心地セリ」という書き方からすれば、二、三年前すなわち明治三、四年から「別天地」に見えるような「街衢」の目に見える変わりようというのは事実であったのだろう。「地蔵堂」は、京都の路上から確かに姿を消していたのである。

それでは地蔵会は実際に中断していたのであろうか。文政五年（一八二二）から続く吉水町の地蔵会で行われていた目方改の記録「町中目方改」を見ると、「明治四未地蔵会」

とした記載からしばらく記録に中断があり、再開は「明治九年（一八七六）子八月廿三日」となっている。以降、明治一〇年（一八七七）、一一年（一八七八）と記載は続いているが、あるいは単に地蔵会で行われていた恒例イベントである「目方改」だけが先行して復活していたのかもしれない。

ようやく明治一二年（一八七九）になって「明治十弐年八月地蔵会」との記述が登場する。明治九年から一一年までの「目方改」の記載をどう判断するかは難しいところだが、少なくとも明治五年（一八七二）から明治八年（一八七五）の四年間は「地蔵会」が中断していたとみてよいだろう。

こうしてみると、明治四年（一八七一）一〇月の地蔵堂撤去を命じた布達と翌七月の盆行事の停止は、やはり実効性をもっていたと判断しなければならないだろう。

そこで、次なる課題は地蔵会の復活のプロセスである。吉水町のように明治一〇年代に地蔵会が復活してきたのは一般的だったのだろうか。それとも、これは例外的で林論文で書かれているように復活は明治半ばごろまで下がる〔林英一　二〇〇八〕のだろうか。

三　明治一六年のできごと

真町《しんちょう》（下京区）では、町の鬼門に当たる高瀬川《たかせがわ》沿いの「濱地《はまち》」と呼ばれていた場所にお地蔵さまを祀っていた。それは「鬼門除《きもんよ》ヶ《げ》地蔵尊」と呼ばれ、少なくとも幕末のころには「地蔵会」が執行されていた（「真町文書」）。

この町では、明治初年に地蔵堂の撤去を命じる布達が出た際に、お地蔵さまを近くにある勝円寺というお寺に預けていたようだ。

しかしある年、お地蔵さまは預け先の勝円寺から町に帰ってくることになった。こうしてお地蔵さまが帰ってきたことで「地蔵会」も復活することになったのである。その時の記録は次のようなものだ（傍線は引用者）。

　　地蔵会再興之記

一従来当町内濱地岡沢重兵衛角、則《すなわち》当町鬼門除ヶ之所ニ堂宇有之《これあり》、例年地蔵会執行
致来リ候処、明治（ママ）　年本府第（ママ）　号布達ニ依リ地蔵会其他盆祭リ等種々為廃止《はいしのため》、
依而不得止《よってやむをえず》長寺勝圓寺へ預ヶ有之《これあり》候処、今般本府第（ママ）　号布達ニ依リ前顕《ぜんけん》布達取消

相成候ニ就テハ町中協議之上、本年ヨリ再興可致様《いたすべきよう》決定相成《あいなり》、則当町濱地益本小ふじ納屋《なや》ニ於《おい》テ廿日ヨリ再会ス、恰好《かっこう》嵯峨清凉寺釈尊出開帳有之《これある》故ニ、廿二日同方《ほう》丈《じょう》ニ依頼シ午前第八時開元ス、廿三日午後第五時例ニ依リ百万遍念仏執行、廿四日無滞《とどこおりなく》地蔵会終ル、向後《きょうこう》従前之通リ濱地ニ堂宇再建スルニ決シ、地蔵会之儀者御千度当家、同跡当家合テ八軒ニテ万端諸世話致、供養之儀者入費帳ニ有之、依而《よって》参考ス可シ

（「真町文書」（甲）1396（2））

本文中に見える空白は、原本のままである。どうやら、本史料は完成稿ではなく、下書きか草稿のようで、細かい事実関係については、あとで確認して正確な情報を書き入れようとして空白にしておいていたようである。

これでは、肝心な「本年」がいつのことかわからないのだが、「本年ヨリ再興」とあることから、少なくとも「地蔵会」がこの時点で再開されたことがわかる。折よく近くに来ていた嵯峨釈迦堂の方丈によって開眼《かいげん》供養が行われ、かつて行われていたように百万遍念仏も執行された。また、「従前之通リ濱地ニ堂宇再建」することなどが決められるとともに、「地蔵会」の運営は「御千度《おせんど》」と呼ばれる町の行事を担当する「当家」とその「跡当家」が取り仕切ることも決定している。

図29　勝円寺

御千度とは、町内一同がうちそろって神社に参詣する行事で、京都の町で行われていた年中行事のひとつである〔野地秀俊　二〇〇六〕。つまり、この町で御千度行事の当番をする人が、あわせてその年に実施される「地蔵会」も担当することが決められている。「地蔵会」復興が当年限りの単発的なものであれば、このようなことは必要はないはずである。

地蔵堂も従前通りの再興が決定されているから、この時点で永続的に祭祀が続けていけるように、そのための施設を建設し、さらに地蔵会の運営をずっと続けていくための組織を定めておいたということだろう。

ここで注目してほしいのは、傍線を引いた「今般本府第　　号布達ニ依リ前顕布達取消相成候」の部分である。この部分を読む限り、「地蔵会其他盆祭リ等」を停止する布達を撤回する布達が京都府から出されたことで「地蔵会」が復活したということになる。果たして、そのような布達が出されたりしていたのだろうか。

そこで、「地蔵会」再開の時期が問題になる。幸い「地蔵会」にあたって「諸錺《かざ》リ物《もの》新調」のために寄付が集められた際の「鬼門除ヶ地蔵尊有志簿」が残っている。この帳簿に「明治十六年八月」とあることから、明治一六年（一八八三）のことであったことが判明する。

この帳簿の冒頭には募縁の趣旨が次のように述べられている。

一当町内鬼門除ヶ地蔵尊、長寺勝円寺へ預ヶ置候処、今般当町江奉迎本月廿二日、廿三日地蔵会相勤候ニ付、諸錺リ物新調致度《いたしたく》、依テ有志御頼申上候也

八月

真町

総代（印）

（「真町文書」（甲）1396(1)）

勝円寺に預けていた「地蔵」が明治一六年（一八八三）に町に戻ってきて、「地蔵会」を勤めることになったということが記されている。お地蔵さまが不在の間に失われてしまっていた、地蔵堂を飾るための荘厳具《そうごんぐ》なども町内にはすでに存在していなかった。そこで、地蔵会の再興にあたって、改めて荘厳具などを買い調えることが必要になった。その費用を集めるために寄付が募られていたようだ。

寄付も順調に集まったようで、地蔵会の開催を目前にしたころ、実施にむけて真町から警察と下京区に道路使用にかかる届書を提出している。町の「日記簿」には、明治一六年（一八八三）の部分に次のような届の写しが記録されていた。

御届書
本月廿二日、廿三日両日、当町高瀬四条上ル益本小ふじ方ニテ地蔵会執行仕度候ニ付、往来之妨害ニ不相成様《あいならざるように》仕《つかまつり》候ニ付、此段御届仕候也
　　下京区第拾四組真町
　明治十六年八月廿一日　総代　藤田七兵衛
警（ママ）
警部御中
右同断
　八月廿二日　総代　藤田七兵衛
下京区長竹村藤兵衛殿

（「真町文書」（甲）250）

このような文書が警察や区といった公的機関に提出されていることは、驚くべきであろう。もしも京都府による地蔵祭祀禁止が継続していたとすれば、申請が受理されるはずはあるまい。こうした事実からも、地蔵会などの執行を禁ずる布達が撤回され、地蔵会などを行うことが許容されていたことをうかがわせる。真町では、その後も地蔵会が続けられたようである。

現在は、町の鬼門にあたる場所に地蔵堂は存在していないのだが、四条通りよりも南側の高瀬川沿いに地蔵堂があり、昭和五一年（一九七六）付の真町町内会長による「真町お地蔵さまの由来（二体）」と題した札が添えられている。これによれば、地蔵堂に祀られている地蔵（石仏）は二体あり、一体は高瀬川で運ばれる罪人が無事に帰ることができるようにと涙とともに祈願した「涙の地蔵」、もう一体は池大雅《いけのたいが》作と伝えられるお地蔵さまだという。

この説明文からは、二体が明治一六年（一八八三）に勝円寺から帰ってきたというお地蔵さまかどうか明確ではないが、あるいは高

図30　下京区真町の地蔵堂と高瀬川

瀬川との関係を伝えていることから、「涙の地蔵」とされているお地蔵さまが、かつて高瀬川濱地にあったというお地蔵さまであろうか。

四　明治一六年の布達

真町で地蔵会が復興されたのが明治一六年（一八八三）であることを確定できた。次なる課題は、本当にこの年に地蔵会の執行を禁じた布達を撤回するような布達が出されていたかを明らかにすることである。

真町の「地蔵会再興之記」には、そのような布達が出されたことを記しているが、残念ながら布達の番号も出された月日も書かれていない。そこで、真町での地蔵会が復興される明治一六年（一八八三）八月以前の『京都府布令集』をめくっていると、次のような布達があった。

甲第七十二号
明治五年七月当庁第百五十七号布達ハ詮議《せんぎ》之次第有之《これあり》、取消之条、此旨布達候事
明治十六年七月廿三日
京都府知事　北垣国道

「明治五年七月」に出された京都府庁の「第百五十七号布達」を取り消すという京都府からの布達である。きわめて簡潔に書かれた文章なので、うっかりすると見落としてしまいそうだが、明治五年（一八七二）七月の第一五七号京都布達こそ、一二八頁に引用しておいた「盂蘭盆会」と称して行われていた行事や送り火、川施餓鬼《かわせがき》・六斎念仏などを「自今一切令停止」するというものである。

この「第百五十七号布達」は、「地蔵会」に直接言及しているわけではないが、盂蘭盆会を筆頭に盆前後に行われる諸行事がやり玉に挙げられていた。地蔵会も含めた盂蘭盆会前後に行われる行事全般を対象としたものとして受けとめられていたであろう。とすれば、「第百五十七号布達」の取消は盆行事全般にわたる規制を撤回したものとしてとらえられた可能性はある。真町の「地蔵会再興之記」が記す「地蔵会其他盆祭リ等」廃止を明示する布達を取り消したという布達とは、この「甲第七十二号」という番号の付されたものであろう。

それにしても、行政機関が一度出した布達を取り消すというのは容易なことではなかったのではないかと想像される。しかも、盂蘭盆会などの民俗的行事の禁令は明治政府による近代化の指向のなかで出されたものでもある。そうした布達が「取消」されるに至った理由はどこにあったのであろうか。

実は、幸いにしてこの布達がどのような経緯で出されたかをうかがうことのできる史料が京都府に残されていた。それは、次のような起案文書である。やや長文だが、重要な史料なので全文を引用しておこう。

五年第百五十七号達取消達案伺

盂蘭盆会・六斎念仏等差止《さしとめ》之義、明治五年第百五十七号ヲ以達相成居候処《たっしあいなりおりそうろうところ》、右ハ該宗教上之法会ニ付、行政上差障無之上《さしさわりこれなきのうえ》ハ、可差止筋《さしとむべきすじ》ニモ無之《これなき》モノト相考ヘ、且又右達ハ方今《ほうこん》裁制之力無之モノニ付、警察官吏ニ於テ差止ハ唯ニ説諭解散セシムルノ外致方無之《いたしかたこれなく》候処、昨年ナトハ已《すで》ニ続々執行候ヲ見受候付、当年ハ定テ昨年ニ倍シモノト推察致候間《いたしそうろうあいだ》、到底説諭モ相届難キト相考候、付テハ空也堂《くうやどう》住職ヨリ公然執行之義別帋《べっし》之通願出候得共《そうらえども》、本達御取消不相成《あいならざる》以上ハ難聞届旨《ききとどけがたきむね》御指合可相成《あいなるべき》モノニテ実際執行候モノハ其執行ニ任セ裁制スルヿ《こと》能ハス、願出ルモノハ難聞届旨御指合可相成候テハ彼是矛盾不都合ト相考候、右達中不熟之菓物ヲ喰ヒ腐敗ノ飯食云々等ノ如キハ予《かね》テ衛生上ノ布達モ有之義付《これあるぎにつき》、本達御取消相成候モ差支ノ義ハ無之ト存候間、右達ハ御取消相成候方可然《しかるべし》ト見込候条、達案左ニ相伺候也

但、本案御裁可ノ上ハ空也堂願聞届相成可然《しかるべし》ト存候ヘ共、別帋指合候■案併セテ

相伺候也　（「甲号達書」）

起案したのは、半井真澄《なからいますみ》。後に和気清麻呂《わけのきよまろ》を祀る護王神社《ごおうじんじゃ》の神主を務めるようになる人物で『神職宝鑑《しんしょくほうかん》』などの著書もある神道家であるが、この時は京都府庶務課社寺掛《しょむかしゃじかかり》に奉職していた。

まず、冒頭に「盂蘭盆会・六斎念仏等差止」について、「行政上差障無之上《さしさわりこれなきのうえ》ハ」禁止するには及ばないのだという認識が示されている。さらに実態として、盆行事を行っていても警察官吏が「説諭解散セシムルノ外」には「裁制之力」もない状態であったことが明らかにされている。

実はこれに先だって、明治一四年（一八八一）には、京都府布達乙二六号で盆踊りの解禁が伝えられ、乙三九号では盆踊りの前に所轄警察署へ場所と時日を届けるように達せられている（明治一五年『京都府布達要約』）。盆踊りの解禁は、他の盆行事復活の呼び水ともなっていたのであろう。

こうしたなか、「昨年ナトハ已ニ続々執行候ヲ見受候」とあるから、実際には明治一六年（一八八三）までには、徐々に盆行事を復活させているところも増えてきていたようで、この勢いは止まりそうもなく今後も増加が予想されるという。

それでも、布達を取り消すというのは思い切った決断である。そのまま、なし崩しに盆行事が復活していくのを見て見ぬふりを決め込むことはできなかったのだろうか。

京都府に布達取消を決断させた直接の契機は、「空也堂住職ヨリ公然執行之義」が願い出られたことであった。どうやら、盆行事が徐々に復活の兆しを見せ始めていたなか、六斎念仏に免許状を発行するなどの統括をしていた空也堂の住職が、こそこそと当局の目を気にしながら行うのではなく、公然と再開したいと出願したようなのである。

京都府としては、もはや空也堂からの申請を拒むだけの理由もない。しかし、許可を与えるには、以前の六斎念仏の執行を禁止する布達が有効なままでは矛盾をきたすことになる。

かつての布達を取り消さなければ整合性を担保できないという事態が発生してしまった結果、空也堂の申請を許可するための手続きとして、まず盂蘭盆会や六斎念仏を禁止する布達を取り消したうえで「空也堂願聞届相成可然《しかるべし》」という提案がなされたのである。

空也堂は、明治一六年（一八八三）七月一二日に六斎念仏執行について、過去の経緯を記した書類を作成している。これは京都府に出願する際の根拠資料として作成提出されたものとみられ、先ほどの起案がなされたのは同日の七月一二日である。

なお、この明治一六年（一八八三）の起案文書には、盆行事が「続々執行」されているとはあるが、行事の再開がこの時点ですでに広く行われていたというわけではなかったであろう。「町中目方改」を伝える吉水町が遅くとも明治一二年（一八七九）に地蔵会を行っていたのは確かであるが、まだ少数派だったのではないだろうか。起案文書に「昨年ナトハ」とあることから、目につくようになったのは、前年の明治一五年（一八八二）か、せいぜい数年前のことであろうと思われる。

明治一六年（一八八三）から翌年にかけて、盂蘭盆会や六斎念仏、地蔵会が相次いで息を吹きかえしていったとすれば、この背景にあったのは何だったのか。

ひとつ考えられるのは、京都府知事の交代である。明治一四年（一八八一）に槇村正直に代わって琵琶湖疏水《びわこそすい》の建設などで知られた北垣国道《きたがきくにみち》が知事として赴任した。槇村知事の「干渉主義」に対し、北垣の政治姿勢は官僚や民間人を活用する「任他《にんた》主義《しゅぎ》」であったと指摘されている〔加藤博史　一九八九、秋元せき　一九九六〕。こうした北垣の方針が、空也堂をはじめとした地域社会で高まる盆行事再開の声

図31　北垣国道
（京都府立京都学・歴彩館蔵、京の記憶アーカイブより）

を京都府が受けいれる下地となったことは想像に難くない。
志水町の「末世之はなし」には、このように書かれている。

是迄知事槇村正直六サイオドリ又ハ千日参りなとやかましく差止、人民大にこまり、人気よろしからず、然ルニ京都知事北垣殿ヨリ追々ゆるかせニ相成人民大によろこひ居候もの多分在之（下略）（「末世之はなし」）

少なくとも、多くの人びとは、何かと「やかましく」禁止をする槇村正直の施策ではなく、新しくやってきた北垣知事の方針を受けとめていたようである。北垣知事になってから、かつての厳しい締め付けが、徐々に「ゆるかせ」になっていく。人びとは北垣府政を歓迎していたようだ。

折しも、明治一四年（一八八一）に岩倉具視《いわくらともみ》が旧慣保存を訴え、衰退した京都御所の保全を主張し、保勝会の活動も始まっていく。賀茂祭・石清水祭などの旧儀再興を岩倉が訴え、再興されるのが明治一七年（一八八四）のこと。アーネスト・フェノロサが岡倉天心と京都・奈良の寺院が所蔵する美術品の調査をした臨時全国宝物調査が行われたのもこの年のことだ〔高木博志　一九九七〕。こうした、京都の「伝統」回帰の風潮も盆行事の復活を後押ししたであろう。

もうひとつは行政権についての意識の変化も挙げなければならない。「宗教上之法会」である以上、「行政上差障無之上ハ、可差止筋ニモ無之モノ」とあり、実害があるわけでもないから、本来であれば禁止するには及ばないというのが京都府職員の認識である。こうした認識は府政の場のみならず、自由民権運動の展開もあって民間にも次第に広がっていたようだ。『京都滋賀新報』（現・『京都新聞』）の「社説」でも「明治五年ノ頃政府職分ノ区域未ダ今日ノ如ク判明セザル時節ニ於テハ強チ咎ムル能ハズトハ云ヘ其諭達《そのゆたつ》告示ニ止メズシテ令停止トノ厳達アリシハ亦関渉ノ過ギタルヨリ致セルガ如シ」とある。だから、「政府職分ノ区域上ヨリ判別シテ之《これ》ガ取消ヲ達セラレシ」ものであろうと述べる。つまり、禁止は行き過ぎであったという認識は府・民間の両方にあったのだ。こうしたなか、京都府としても円滑に府政を進めていくためにも「取消」という決断は避けられなかったものであろう。

盆行事が「当年ハ定テ昨年ニ倍シモノト」と勢いをとめられそうにないというタイミングと社会的な状況を見極めたうえで、空也堂は六斎念仏の正式な復活を願い出た。これが盆行事復活の決定打となったのである。

五　メディアと地蔵盆

しかし、そうはいっても少し疑問が残る。焦点になっている「甲第七十二号」の本文をもう一度見てみよう。

明治五年七月当庁第百五十七号布達ハ詮議之次第有之、取消之条、此旨布達候事

明治十六年七月廿三日　　京都府知事　北垣国道

これだけの文章を見て、人びとはどうして盆行事の禁止を撤回した布達だとすぐにわかったのだろうか。

厖大な量が出される布達を誰もが手元に置いて参照できるようにしているわけではあるまい。「明治五年七月当庁第百五十七号布達」といわれて、京都府庁の役人以外にその内容をすぐに思い起こせるような人がいただろうか。布達の内容は覚えていても、一般の人がその番号と関連させて覚えていたとは考えにくい。実際、真町の「地蔵会再興之記」でも布達の番号などは空欄だったではないか。

いささか意地悪く穿《うが》った見方をすれば、京都府としてもかつての布達を撤回するのはあまり気が進むものでもないだろうから、容易には内容がわからないようにしたのではないかとも考えてしまう。そこで、ふたたび先ほどの疑問である。人びとは、この布達が盆行事禁止の撤回を伝えたものだとどうしてわかったのだろうか。

結論を先取りするならば、それは新聞があったからである。当時、京都と滋賀県の一部で発行されていた『京都滋賀新報』には、明治一六年（一八八三）七月二三日付の布達「甲第七十二号」が七月二七日に掲載された。これは「京都府録事」という京都府が出した布達などを掲載する欄であり、全文がそのまま掲載されているだけであった。

それから二日後の七月二九日、今度は「雑報」という欄に布達の解説記事が掲載された。

○取消布達　前々号の官令欄内に載せたる如《ごと》く今回北垣京都府知事ハ詮議の次第ありとて甲第七十二号を以て明治五年七月第百五拾七号の布達を取消されたり、今その百五拾七号布達の全文を左に掲ぐ

（布達省略）

右に付てハ本年より定めて盂蘭盆会にハ市在とも一層賑《にぎ》はしき景況ならん

この記事は、布達そのものの文章からは読み取ることの難しい、取り消しの対象となった布達の全文を示し、それが盂蘭盆会に関するものであることを伝えている。そのうえで、「本年より」盂蘭盆会が盛んになるだろうというコメントを付することで、今後は盛大に盂蘭盆会を行ってもよくなったことを示唆している。当初の布達だけでは何を「取消」したのかわからなかった人びとも、この記事を見ることで本質を理解したであろう。

布達をうけた京都の人びとの反応は早かった。この年の八月には、はやくも六斎念仏や盂蘭盆会の諸行事のみならず、各地で「地蔵盆」が復活していったのである。

○地蔵盆　京都の俗に地蔵盆と称へ来る廿二三四の三日間を以て各町毎に飾りある地蔵を盛んに祭りて少年輩が頻りに騒ぎまはることとなるが、往に槇村前知事の一号令に依つて此祭事等を禁ぜられ、地蔵ハ最寄の寺院に送り又ハ各町の路次等に秘めありしが、今度甲第七十二号の布達に依りて此禁を解かれしより、本年ハ盛んに其祭典を行ハんと頻りに此事に奔走する町々もあれど、如何せん当時已に幕其他のものまで売払ひたる向も少なからざれバ、右等を新調せんため例の戸別に割付るゆゑ下等社会ハ大いに苦情を鳴らす趣きなり

（『京都滋賀新報』明治一六年八月一九日）

ここでは、「甲第七十二号の布達」が「地蔵盆」の解禁と受けとめられ、各町で地蔵会の再興に奔走する様子が活写されている。しかも、行事に使う幕などの道具類を手放してしまったため、新調して行事に間に合わせようと、松方デフレの渦中にもかかわらず各戸に負担を強いたので、低所得者層から不満の声があがっていたこともわかる。真町で行われた寄付金集めもまさにこうした行事復活にかかるものであった。つまり、明治一六年（一八八三）の布達を機に、地蔵会の再興を急いだ町は真町だけではなく、各町で一気に進んでいったということになる。

注意を喚起しておきたいのは、この記事において「地蔵盆」の呼称が使われていることである。「地蔵盆」という呼称が近世に皆無だったわけではないことは林英一の研究でも明らかにされている〔林英一　二〇〇八〕。確かに京都でも慶応元年（一八六五）には「地蔵盆」の呼称が見えているのだが（『若山要助日記』慶応元年七月廿三日条）、やはり近世には「地蔵会」「地蔵祭」の方がまだ一般的である。なぜ、ここであまり馴染みのない「地蔵盆」の語がメディアで使われたのか。

盂蘭盆会などの行事禁止を取り消す「甲第七十二号の布達」にともない、地蔵を祀る行事が再興されていく過程で、盂蘭盆会に関連する一連の行事であるということが強く意識されるようになり、盆行事と一緒に「地蔵会」を再興することが正当化されていったので

図32　路地の奥にある地蔵堂

はないだろうか。そして、このような新聞記事を通して、盆行事との関連性を含意する「地蔵盆」の呼称が普及していったとは考えられないだろうか。

なお、地蔵撤去が命じられたことにより、「地蔵ハ最寄の寺院に送り又ハ各町の路次等に秘めありしが」とあることにも注意を喚起しておきたい。かつて町木戸の近くに番小屋などとともに設置されていた地蔵堂は、明治四年（一八七一）の撤去令で学校に納めることが命じられていたが、真町のように寺院に預けたところや志水町のように個人が預かって管理するようにしたところもあった。それ以外に表通りを離れ、人目を避けるように路地の奥まったところに安置することで凌《しの》いだ例も多かったのであろう。

現在、京都の町でしばしば見かける路地の奥にひっそりと安置されている地蔵堂は、いかにも古くからある風景のようだが、実は明治四年（一八七一）以降につくられたもののようだ。

第五章

地蔵盆の近現代史

明治一六年（一八八三）に復活した「地蔵会」は、次第に「地蔵盆」と呼ばれるようになっていく。京都では明治三〇年代にコレラが流行したことで、集められた供物を調理して飲食することが避けられるようになり、玩具や生活雑貨が配られるようになっていく。戦時中にも地蔵盆を続けていた町は少なくなかったようで、戦後には再び盛んに行われるようになる。現在は少子高齢化や都市景観の変化などさまざまな課題もあるが、多くの町で地蔵盆が行われている。

一　明治期の歩み

明治一六年（一八八三）の布達をきっかけに、各地で地蔵を祀る行事は復活していった。おそらく、それまでお寺や小学校に預けたり、個人宅に引き取られていた「お地蔵さま」がふたたび、京都の辻に姿を現すようにもなってきたことだろう。

下平野町では、明治一九年（一八八六）に新たに厨子を購入している。建仁寺近くの古道具商で「延宝年製」の厨子を見つけたので八円五〇銭で購入し、さっそく入仏供養を行ったという（「地蔵尊御厨子建立入仏記」）。古道具商で販売されていた厨子は、明治初年にどこかの町から売却されたものだろう。こうして古道具屋などから、厨子や仏具を買い戻す町も多かったに違いない。

地蔵堂の復活とともに、地蔵会を継続して行っていくための組織整備も進められている。下京区の堀之内町では、明治一九年（一八八六）に改正された町の規約で「地蔵会順番定《さだめ》之《の》通《とおり》二名宛当番之事」とある（「町則規約書」）。この時に、地蔵会の当番の順番を定めておいたのだろう。一度、順番を決めてさえおけば、あとはこの通りに二名ずつが担当していけばスムーズに執行することができる。

こうして、明治一六年（一八八三）ごろから相次いで復活してきたらしい地蔵会（地蔵盆）。ここで気をつけておきたいのが、その日付である。近世の地蔵会は七月二四日前後に行われていた。現代の感覚では少し違和感のあるように思う人も多いかもしれないが、旧暦が行われていた近世には、いわゆる「お盆」は七月一五日。そして祇園会《ぎおんえ》は六月の行事である。

近世京都の七月は、七日の七夕、一〇日の清水寺千日詣と東山六道珍皇寺《ろくどうちんのうじ》での精霊迎《しょうりょうむか》えがあり、そして盂蘭盆会と五山の送り火を経て、二四日前後の地蔵会へと行事が続いていた。これが変わるのが新暦施行である。明治五年（一八七二）一二月二日にそれまでの太陰太陽暦が廃止され、グレゴリオ暦に改められる。明治五年一二月二日の翌日が明治六年一月一日となった。

その後、さまざまな年中行事の日取りに混乱が起きることになる。祇園会は最初は一月遅れの七月七日に先祭、一四日に後祭をしていたこともあったが、試行錯誤を経て明治一〇年代には梅雨を避けるためにさらに一〇日を加えた一七日の先祭、二四日の後祭に落ち着いていったようだ。

五山の送り火について丹念な史料の発掘をふまえた青木博彦の研究によれば、五山の送り火は天候にも大きな影響をうけることもあり、従来通りの七月一六日にすることは難しかったという。また、神輿洗《みこしあら》いなどの重要な行事が鴨川で行われている祇園会の時期に、河原で火を焚いたり、供物を川に流すこともできず、京都においては盆行事を七月に実施することはできなかった〔青木博彦　二〇一四〕。

こうして、早い段階から五山の送り火は、七月ではなく一月遅れの八月一六日に行われるようになっていった。となれば、地蔵会もそれに連動して八月二四日前後に行われるようになる。

八月一五日に「お盆」というのは、現代では普通のことのようだが、農業暦の関係もあって新暦七月一五日にお盆を行うところや、旧盆といって旧暦七月一五日をお盆とするところもある。京都では比較的早い段階で月遅れの八月にお盆が行われるようになり、地蔵会の日取りがスムーズに八月二四日に移行していった。これは京都の年中行事全体との関わりがあったからである。

地蔵会（地蔵盆）が八月二四日前後に行われるようになってからの歩みを見ていくことにしよう。

幸いにして二条城からほど近いところにある二条西洞院町《にじょうにしのとういんちょう》（中京区）には明治一五年（一八八二）から大正一五年（一九二六）まで約半世紀近い記録「地蔵祭諸控」が残る。「地蔵祭諸控」冒頭に記された「口書」によれば、二条西洞院町では「町内申合セ維新前迄祭り来り候地蔵会」が一時中断することになったが、明治一五年（一八八二）に「再起シ」て町内の家持が交替で祭祀をすることになったという。ここでは、前に紹介した下京区の真町よりは一年早く再開していたらしいが、やはりほぼ同じ時期といっていい。

図33　中京区二条西洞院町の地蔵盆

この「地蔵祭諸控」は、当番になった人が供物や経費などを詳細に記し、特記事項などを書き添えて次の当番に引き継いでいたものだ。この記録は復興した明治一五年（一八八二）から記録してきた帳簿が破損したため、新たに明治四〇年（一九〇七）に帳簿を誂《あつら》えて以前の記載を転記したものである。

二条西洞院町では「御本尊掛地《かけじ》」とあるので、御本尊のお地蔵さまは掛幅だったようだ。基本的な費用は町内から集めたお金でまかなっている。地蔵祭の復活が決まった明治一五年（一八八二）八月から、毎月一軒あたり一銭を集めており、ほかに寄せられた寄付金などが主な収入のようである。なお、明治一五年（一八八二）の記事を見ると、「さいせん」に加えて、集まった供物を入札にかけて換金していたようである。小芋、サツマイモ、素麺、南瓜などが五銭～一〇銭ほどで落札されている。

　史料を見ていて気づくのは、明治一九年（一八八六）ころから「虎列拉」すなわち、コレラの記述が見えることである。コレラというと安政期に大流行したことがよく知られているが、コレラの流行は近代にも繰り返されており、この年には全国でコレラによる死者が一〇万人を超えている。さらに追い打ちをかけるように、五月上旬ごろから京都では「ハッセンチビス」（発疹チフス）も流行し始めていた（「末世之はなし」）。

　そうしたなか、二条西洞院町では「其筋ヨリ御達シノ次第」もあって、「極内密之内ニシテ」祀り、供物を経由して感染が拡大することを防ぐために献物も中止している。この年には、南瓜や小芋などを精霊会で使うことや、これらの食物を「地蔵祭」で「たい《（炊）》て子供にやるを禁ず」る法令も出ていたらしい（「末世之はなし」）。

　これまで地蔵祭では、各戸から供えられた芋や豆、素麺などを行事終了後にお下がりとして各戸に配布したり、子どもたちに配ったりしていたようなのだ。こうした行為は、防疫に相当気を遣っていた京都府としては見過ごすことができなかった。

　町の方でも、食べ物のやりとりなどには神経をとがらせていく。明治二四年（一八九一）にも巡査の指導によって、食物には十分注意することが確認されている。明治二八年（一八九五）も流行病のために飲食物を出すのをやめており、翌二九年（一八九六）にはついに「流行病予防方注意」により、各戸からの供物を出すことをやめて賽銭を供えることにしている。

明治二〇年代の京都では、明治二八年（一八九五）に京都で開催される第四回内国勧業博覧会を前にして、公衆衛生に関するキャンペーンが推進され、住民の博覧会への参加意識を高めながら相互監視が呼びかけられていった〔小林丈広　二〇〇二〕。こうした社会的な環境にあっては、地蔵祭のあり方も他町の人びとや警察・行政機関などの目を意識したものにならざるを得なかったであろう。

明治三〇年（一八九七）には、都道府県知事が「伝染病予防上必要ト認ムルトキ」に「祭礼、供養、興行、集会等ノ為人民ノ群集スルコトヲ制限シ若ハ禁止スルコト」（第一九条）ができることを定めた「伝染病予防法」が出される。町でも供物の取り扱いについて試行錯誤がされていくが、ついに明治三五年（一九〇二）になって次のように変更された。

本年ヨリ食物供養一切止メ、子供中へ鬮引《くじびき》ニテ手遊品《てあそびひん》及ビ文具類ヲ与へ、大人ハ荒物《あらもの》ヲ抽籤《ちゅうせん》ス

流行病の懸念があるため食べ物の供養は今後一切行わず、代わってクジ引きで子どもた

ちにはおもちゃや文具、大人には日用品を配ることにした。

現在、地蔵盆の楽しみのひとつといえば、多くの人が福引きを挙げるであろう。クジを引いて、子どもたちはお菓子やおもちゃ、文具を、大人たちは洗剤や食器、ティッシュなどの日用品をもらって帰る。現在の地蔵盆では当たり前の光景だが、それ以前は、お地蔵さまのお供えをお下がりとしてもらって帰っていたようだ。それが、次第に京都府や巡査の指導などをうけていくなかで、食品の供物が中止されて金銭が供えられ、食物のお下がりに代わって物品をもらうようになっている。

現在のように、お菓子や雑貨があたる福引きが始められるようになったのは、どうやら明治二〇～三〇年の防疫行政の結果だったのだ。

二　大正期の地蔵盆

明治四五年（一九一二）七月、明治天皇の死去により年号は大正と改まる。この年も二条西洞院町では地蔵祭を通常通りに執行したようだ。この年は当番をつとめた家から、祭壇一式と「五郎丸五巾弐間幕」という麻の幕などが寄進されている。明治から大正に改まり、お地蔵さまも新しくなった祭壇にお祀りされることになった。ただし、天皇の服喪期間にあたる諒闇《りょうあん》中だったため、例年のように地蔵祭が終わってから行っていた足洗会（精進落とし）はさすがに控えたようだ。

諒闇が明けたこともあって翌年は盛大に行われた。記録には次のように書かれていた。

本年ハ諒闇も開き中々隆なるお祭りにて、謡曲会及《および》ふご下《おろ》し之《の》余興も有つて無事ニ無滞《とどこおりなく》御祭典を了す

謡曲会とあるから、旦那衆がそれぞれ得意の謡《うたい》を披露したのだろうか。諒闇中は歌舞音曲なども遠慮していただろうから、大正二年（一九一三）は大正天皇の即位奉祝の雰囲気もあって相当に賑やかに行われたことだろう。もちろん、二四日夕刻からは足洗会も行われている。

ここで余興として行われたという「ふご下《おろ》し」については、ちょっと説明が必要かもしれない。最近ではあまり見かけなくなったが、かつては地蔵盆で福引きをする時に、景品を二階の窓からロープで吊ったカゴに入れて、野外の地蔵盆会場にロープウェイのようにして下ろしていたところも多かった。これは、洛北の鞍馬で崖の上から名産の燧石《ひうちいし》を畚《ふご》というカゴに入れて下ろしていた「ふごおろし」に見立てたもの。クジを引いても何があ

たったかわからず、子どもたちは上から降りてくる畚をドキドキしながら待っている――というわけだ。

どこが始めたのかはわからないが、地蔵祭でお下がりとして供物をもらうかたちから、クジで景品があたるようになった明治三〇年（一八九七）ころから、こうした演出がされるようになっていったのだろう。その後については記されていないが「大盛会」だったと

図34　ふごおろし（上京区）

図35　鞍馬のふごおろし（『都名所図会』部分・筆者蔵）

図36　二条西洞院町の幕

いうから、二条西洞院町では定番化していったのではないだろうか。

大正三年（一九一四）の地蔵祭では、ちょっとかわった趣向が新たに取り入れられた。

> 本年ハ当直家の有志を以て、廿四日テジナの催し有て非常の盛会なり、弐十三日ハフゴヲロシの催し有つて之亦《これまた》大盛会、無事ニ祭祈ををわる《（終わる）》（下略）

この年は当番の有志が子どもたちを喜ばせるために、手品を披露したようだ。大正三年（一九一四）といえば、松旭斎天勝《しょうきょくさいてんかつ》の奇術が絶大な人気を集めていたころ。手品の余興はきっと大人も子どもも一緒になって楽しんだことだろう。

現在の地蔵盆でも当番の大人たちが、紙芝居や人形劇など子どもたちのために工夫を凝らした出し物をしているところも少なくないが、今から一〇〇年ほど前の大人たちも、当日まで手品の練習をしていたかと思うと微笑ましい。

この記録は、残念ながら大正一五年（一九二六）までで終わっている。この年の足洗会は少し豪華に滋賀県大津市の雄琴温泉《おごとおんせん》に一泊旅行をしている。もちろん、地蔵祭はこの年で終わったわけではなく、帳面の最後には大正「拾八年」までの当番予定者の名前が記されている。

なお、この二条西洞院町では現在も地蔵盆が行われている。二〇一六年に現地を訪れてみたところ、大正元年（一九一二）に当番から寄進された麻の幕は、現在も大切に使われていた。

三　戦時体制下〜戦後社会と地蔵盆

時代は次第に戦争へと突き進んでいく。昭和一三年（一九三八）には近衛文麿《このえふみまろ》内閣が国家総動員法を制定し、国家は戦争の遂行を最優先とした。ある町では、この年に各種催し物を自粛することとし、地蔵盆で子どもへの供養や福引きは例年通りとしたが、大人への接待や福引きは中止した。そのかわりに出征兵士の「武運長久祈願」が行われ、家族へ慰問金が渡されたという〔松田道雄　一九六二〕。地蔵盆も曲がり角を迎えつつあったということかもしれない。

昭和一五年（一九四〇）には大政翼賛会《たいせいよくさんかい》が結成される。そんななか、各地で翼賛体制を前提として、大政翼賛会の地域社会における末端組織としての町内会、部落会がつくられていく。もともと町の自治の伝統がある京都でも、こうした共同体を母体として、「町内会」が結成されることになる〔上田惟一　二〇一三〕。

一例を挙げれば、盛んに地蔵盆が行われている西陣の笹屋町《ささやちょう》でも、昭和一五年（一九四〇）一一月に「大政翼賛ノ本旨ニ則」った「町内会」の結成が図られ、一二月二二日に「町内会結成式」が執り行われている。

こうして昭和一五年（一九四〇）の暮れに結成された「町内会」であるが、翌年度予算を見ると、しっかりと「地蔵費」が計上されているのである（笹屋町三丁目「記録帳」）。

戦時体制下においては、地域社会も「銃後」としてとらえられていく。そうしたなか、戦争とは直接関係がなさそうに見えるにもかかわらず、「地蔵盆」は町内会行事として否定されることはなかったのである。

出征兵士の武運長久祈願が行われていた町でも、昭和一七年（一九四二）には「鍛成水泳大会」と称して、子どもたちを琵琶湖に連れ出して遊ばせていたらしい〔松田道雄　一九六二〕。地蔵盆は、簡単にはなくならなかった。

それどころか、昭和一九年（一九四四）八月には、京都製作所で工員が「地蔵盆の当日の半休」を要求した。この要求が一蹴されたため、職長をはじめとした工員二一名が無断帰宅。ストライキとして、松原警察署が調査を始める事件となった。地蔵盆の翌日には全員が出勤したため、警察署長が厳重注意をし、生産増強を誓わせて幕引きとなった〔法政大学大原社会問題研究所　一九六五〕。

この京都製作所の従業員は二九名しかおらず、そのうち二一名が帰宅したという。しかも当日の欠勤者が五名、所用で外出していたのが一名いたというから、住み込みの見習い工の一名を残してほとんどすべてが帰ってしまったということになる。海軍の兵器を製造する工場の工員七割以上がストライキをしたとなれば、確かに穏やかではない。だが、おそらく本人たちは、「地蔵盆」が行われている日に行事に参加するのは京都の町で暮らしている以上は当然のことであり、それを認めない工場側の意図が理解できなかったのであろう。地蔵盆が終われば、全員がいつも通りに出勤しているわけだから、労働争議であるというような意識は全くなかったと思われる。

それにしても、昭和一九年（一九四四）といえば、七月にはサイパンが陥落しており、その責任をとるかたちで東条英機内閣が総辞職をしている。そうした戦況のなかにあって、軍需工場で「地蔵盆があるから半日休ませてくれ」という要求が当然のようになされていたということには驚かされる。

実際、大正五年（一九一六）から昭和二四年（一九四九）までの三三年間にわたる上京区花車町における地蔵盆の帳簿（「花車町地蔵会出納簿」）を見ても、昭和一八年（一九四三）までは、規模を縮小しながらも通常通りに行われているようだ。

昭和一八年（一九四三）の記載を見ると、米はすでに配給制になっていたが、全員が米五勺《しゃく》と砂糖を出しており、さらにその年の当番にあたっていた人物は米一升五合に加えて「南瓜沢山」を供えている。物資の統制がされているなか、これだけのものを負担するのは大変だったのではないだろうか。

ところが、昭和一九年（一九四四）には、町内のお地蔵さまを預けているお寺への御布施と「御預ケ料」の支出二項目が記載されているだけである。行事が行われた時には、お供えなどの収入なども記録されているはずなので、この年にはお地蔵さまはお寺に預けたままで町内での行事は一切行われなかったのだろう。敗戦の昭和二〇年（一九四五）の記載も欠けている。おそらく、この町では二年間は地蔵盆の実施がなかったのだろう。ただ、京都で小児科医をしていた松田道雄の町内では、記録によれば強制疎開が行われた昭和一九年（一九四四）は地蔵盆の記録を欠くが、敗戦直後の昭和二〇年（一九四五）八月には地蔵盆を行っていたという〔松田道雄　一九六二〕。このあたりの再開時期は、町によっていくらか違いがあるかもしれない。

花車町で地蔵盆の記録が再開されるのは、昭和二二年（一九四六）からである。昭和二二年（一九四七）の地蔵盆では、経費の項に「町聯《ちょうれん》解散割戻金より流用せり」という付記がある。実は戦時体制下につくられた町内会、そしてその連合会は、この年の五月付でGHQから出されたポツダム政令第一五号で解散が命じられていた〔上田惟一　二〇一三〕。町内会の連合会（「町聯」）が解散したことで、拠出金などが町に割り戻されたのだろう。こうして地蔵盆は、それまでと比べて潤沢な予算のなかで実行されるようになる。

そして、昭和二三年（一九四八）には、二回行われた「紙芝居」へのお礼、二〇〇円が見えている。謝礼が支払われていることからすると、プロの紙芝居師を呼んでの上演だったのだろう。このころはといえば、戦災で多くの紙芝居が失われたなか、新たにつくられた「黄金バット」人気が火付け役となって、紙芝居がブームとなっていた時期である。集まった子どもたちは、手に汗握る物語を楽しみながら、「戦後」の地蔵盆を大いに満喫したことだろう。

戦後の京都ではふたたび地蔵盆が盛んに行われるようになった。そこでは、紙芝居をはじめ、子どもたちのための娯楽や余興がふんだんに盛り込まれたものだったのだろう。

そんななか、これは地蔵盆の「本来の立場を忘れ」ているのではないか、と疑問の声もあがるようになった。昭和二九年（一九五四）に地蔵盆が「余興中心に走つている」ことを憂慮した有志が集まって、地蔵盆連盟という組織を結成する。六月二四日に準備会が開かれている（『中外日報』一九五四年六月二五日）。ここでは「地蔵盆の浄化運動」などという過激な言葉さえ使われていたようだ。

「京都の地蔵盆を真に明るい楽しいものにしよう」と組織された京都市地蔵盆連盟は、会長に実業家の坂部三次、副会長に京都府議会議長の八木重太郎と僧侶で京都府宗教連盟委員長の大河内貫静という京都の政財界と仏教界を代表する面々が顔を並べていた（『中外日報』一九五四年八月八日）。

京都市地蔵盆連盟では、その実践として地蔵盆にあたって連盟から七〇ヶ所以上に童話や紙芝居の講師が派遣されており、地蔵盆に派遣する講師による「童話コンクール」も行われた（『中外日報』一九五四年八月一四日）。さらに、「子供のためのものであるのに巷にはいかがわしい行灯などがつるしてある」ため、「子供にふさわしい行灯を献灯しよう」と「地蔵盆行灯コンクール」も実施した（『中外日報』一九五四年八月一一日）。この応募作のうち、知事賞ほかの優秀作三十数点は丸物百貨店《まるぶつひゃっかてん》の地蔵盆用品売場に展示され、選外となった行灯は「市内の社会福祉施設のよい子たちへ地蔵盆の贈物」とされたという（『中外日報』一九五四年八月一九日）。

その後の京都市地蔵盆連盟がどのくらい続いたかは確認できていないのだが、結成当時はちょうど仏教界も「日本仏教連合会」から全日本仏教会へと再編される過渡期にあたっており、仏教界全体の方向性が模索されている時期でもあったから、「余興中心に走」るかに見えた地蔵盆の行く末に宗教界としては無関心でいられなかったのであろう。

京都市地蔵盆連盟と関係しているのか明らかではないが、連盟結成から間もない昭和三一年（一九五六）に出された粟津実の『地蔵盆・大日会ハンドブック』という小冊子には、地蔵盆の新しいイベントとして「ミスター地蔵・ミス地蔵コンクール」「石地蔵、大日如来コンクール」「よだれ掛コンクール」なども提案されている。この冊子には昭和二九年（一九五四）に新たにつくられた「地蔵音頭」「大日おどり」が振り付けの写真入りで掲載されていた。

どうやら、この時期は京都で広く行われている地蔵盆を改革していこうと考えていた人びとによって、かなり積極的なイベントが行われていたようである。

四　現在の地蔵盆

こうして戦後まで見てきた地蔵盆は、現在も各地で盛んに行われていることは京都市によるアンケートにも表れていた。しかし、少子高齢化や都市景観、コミュニティの有り様の変化などにより、現在はさまざまな課題を抱えているところも少なくない。

町の景観が変わってきたことで多くの人が集まることのできるような空間の確保が難しくなり、従来通りの実施が困難なことも少なくない。かつては、もち回りで家の一室を会場としていた町も、住宅環境が変わってきて、お地蔵さまを祀り、大勢が集まって行事ができるような家がなくなってきている。格子をはずせるような町屋が少なくなったので、そうしたつくりをもつ家屋に会場を固定したり、当番の家で実施できないときなどに臨時で町内にある伝統的な家屋を借りて実施する町などもあるようだ。

公園や路地、ガレージなどを使っているところも多い。町で共有している家屋、町家《ちょういえ》がある場合はそこを使うこともあるが、地蔵盆を実施できるような家屋が町内にないところも多い。

少子高齢化も大きな影を落としている。町屋ブームで新しく若い家族が転居してきた町や、親の介護のため相次いで若い夫婦が帰ってきたところ、町内にマンションが建設されたところなど、子どもの増加を聞くことができた地域や、数人にまで減少してきたところが若干ながらもち直してきたという町もなかったわけではない。しかし、子どもが減っているという話を聞くことはやはり多い。こうしたところでも、地域外に住んでいて地蔵盆の時に帰省してきた親と一緒に参加する「外孫《そとまご》」がいて、それなりの賑やかさを見せているが、いつまで続けられるかという不安の声を聞くことは少なくなかった。

町内に新しくマンションが建設された場合や住宅地ができたとしても、必ずしも地域の地蔵盆に参加しているとは限らない。多様な信仰やバックボーンをもつ家庭も多くなり、「地蔵盆」として続けるよりも、よく多くの子どもたちが参加しやすいように、宗教色を後退させて「夏祭り」などに姿を変えている地域もあるようだ。「町」の住民・構成員の生活や価値観が多様化していくなかで、子どもを主人公とする行事としての地蔵盆をどのように維持していくかは、それぞれの地域の課題と深く関わってもいるようである。

図37　チョウイエで行われる地蔵盆
（上京区）

子どもだけの問題ではなく、実施する側も負担は大きい。サラリーマン家庭の増加により、本来の地蔵の縁日ではなく、近い土日に設定しているところが一般的である。こうした動きは、一部では一九七〇年代に始まっていたようだが〔牧田茂　一九七三〕、一九九一年八月一八日の『朝日新聞』京都版に「市内の大半の町内会は二三、二四日に地蔵盆を開くが、東中町二部町内会は週末の方が父母が集まりやすいため、今年は一七日から始めた」と記しており（「京の夏の風物詩、にぎわう地蔵盆」）、日を変更して週末に実施するのはまだ珍しかったのかもしれない。現在のように多くの地域で週末に地蔵盆を行うようになったのは、一九九〇年代半ば以降ということなのだろう。さらに、現在では負担を軽減するために二日間から一日に短縮したところや、内容を簡素化しているところも増えている。

一方で、現在は町内に多様な職種の人びとが混在するようになったからこそ、地蔵盆の場が必要とされているという側面もありそうだ。準備の段階や当日の運営の場で情報交換をしたり、世代が離れた大人たちが歓談できるなど、同じ地域に住みながら、普段あまり交流のない者が相互にうちとける貴重な機会となってもいる。

高度経済成長期以降、新興住宅地などで寺院からお地蔵さまを借りるなどして新しく「地蔵盆」を始めるようになったという話もよく知られるところである。

現在、さらに地蔵盆の未来を語ることは、歴史を主題とした本書の範囲を超えるものではあるが、近世以降の町の歴史と歩みをともにしてきた「お地蔵さま」の行く先は京都の町自体の将来と深く関わっているだろう。

もうひとつ、未来が懸念されるのは地蔵盆のみならず、「お地蔵さま」もである。いま、京都の町で見かけることのできる地蔵堂は、ほんとうにさまざまな場所に安置されている。

時に思いがけないようなところにあって、驚かされたり感心させられたりすることも多い。これは、とりもなおさずお地蔵さまの祭祀を維持するための苦心の結果であろう。

路地の奥や集会所の一角などに祀られていることもあるが、個人の敷地内に地蔵堂が設置されていることも少なくない。この場合も家の壁に組み込んだり、お地蔵さまのためのスペースをあらかじめ確保していたりすることもある。こうしたかたちの地蔵堂は、土地や家の持ち主の理解があってのことだろう。例えば、お地蔵さまを預かっていた人が転居をしたり、代が変わってマンションが建設されたりして、お地蔵さまの居場所がなくなることもあるようだ。ある町では、お地蔵さまを預かっていた人がいなくなったので、町内でお金を出して新たに地蔵堂を建設したというところもあった。

マンション建設の際に「お地蔵さま」について協議をして、マンションに地蔵盆関係の道具類の保管庫をつくってもらったという話も聞くが、マンションの敷地の一部やガレージに地蔵堂を見かけることも少なくない。

お地蔵さまは地蔵堂があれば安泰というわけではない。当然のことながら、年に一回の地蔵盆だけでなく、一年間を通して清掃をしたり、お花を供えたり、お賽銭の管理をする人がいて成り立っている。

こうしてお地蔵さまが維持されているところもある一方で、町内の住民構成や住宅事情

図38　開発が進む町と地蔵堂

図39　町屋と地蔵堂

の変化などからお地蔵さまを維持できず、お寺に預けたという話も耳にするところである。

京都の町のあちらこちらでお地蔵さまの姿を見かけ、お盆を過ぎるころには町中で地蔵盆の行灯が掲げられて提灯が点る――こうした景観は、京都の町の人びとによって守られてきたものなのである。

終章

地蔵会から地蔵盆へ

一　地蔵会・地蔵盆の四〇〇年

　ここまで、近世から近代、そして現代まで約四〇〇年にわたって、地蔵会から地蔵盆への歴史を振り返ってきた。

　史料の収集が十分ではなく、丹念に探していけばもっと多くの史料を集めることはできるであろう。例えば、現在も町内で使用して当番が引き継いでいる書類のなかには戦前から書き継がれているものもあり、こうした現用文書の分析によって、より詳しく明らかにできる事実もあるだろう。

　断片的な史料などから、やや踏み込んだ推測を述べてしまったところもある。また、現在の地蔵盆などを見れば、準備段階からきわめて重要な役割を果たしている女性の姿が、どうしても男性中心のイエ制度のもとで作成された文献からは鮮明に見えてこない点など、史料の性格に制約された不十分な点も少なくないであろう。ただ、まずは文献によって現時点で明らかにできる点について、一定程度の整理をすることはできたと思う。

　ここで、本書で明らかにしたことを以下に簡単に要約しておこう。石仏を祀る「地蔵祭」は鈴木正三の『反古集』に「京中辻々ノ地蔵祭、去年七月ヨリ童部共、見事ニ致シ候」とあることから、一七世紀前半に京都の子どもたちの間で始まった。その時期としては、寛永一五年（一六三八）ではないかと考えられる。

「地蔵」として祭祀される石仏そのものは、京都の都市域に営まれていた中世墓地の墓標であり、寺院境内墓地などの発展や住民構成の入れ替わりによって、都市域内の墓地が忘却されて埋没していたものである。これが、近世になって新たに都市が発展していくなかで、普請や井戸掘りなどで再発見され、地中から現れた霊験あらたかな仏として祀られていく。

当初は、子どもたちによる突発的な流行現象だったが、都市の発展にともなって断続的に石仏が供給されたことで刺激が続き、流行神のように廃れることなく祭祀が持続された。その後、次第に町共同体が中心となって実施される町の年中行事となっていく。

近代になって、槇村正直の方針で明治四年（一八七一）の石仏の撤去、翌五年（一八七二）の盂蘭盆会の禁止によって、辻の地蔵堂は撤去され、地蔵会も中断を余儀なくされた。しかし、明治一四年（一八八一）に槇村知事から北垣知事に代わったことで、徐々に地蔵会や盆踊りなどが復活。明治一六年（一八八三）に空也堂から正式復活の願書が出されたことで、整合性を取るために明治五年（一八七二）の盂蘭盆会禁止を撤回する布達が出され、これが起爆剤となって一気に地蔵会が再開されていく。

地蔵会・地蔵祭という表現は、明治一六年（一八八三）に盆行事の復活を知らせる新聞の記事で「地蔵盆」の語が使われていることに象徴されるように、盆行事の一環として復活していくなかで「地蔵盆」と強く意識されるようになる。

しかし、明治三五年（一九〇二）にコレラが蔓延《まんえん》したことで、従来のように供物を使って飲食をするようなことが制限され、供物として集められた食品ではなく、玩具や生活雑貨が配られるようになっていった。

その後、戦時下でも最末期を除けば地蔵盆は行われていたようだが、物資の統制などによって次第に規模は縮小を余儀なくされる。しかし、戦後になると一気に賑やかに行われるようになった。

このように見てくると、近世の地蔵会・地蔵祭から近現代の地蔵盆には、連続している部分ももちろんあるが、時代とともに町共同体の有り様や権力の関与によって変化している部分があることがわかるだろう。

変わらず連続している部分としては、子どもが行事のなかで重要な位置を占め、町の紐帯《ちゅうたい》を維持することにつながっていることなどが指摘できようか。もちろん、そのなかでも子どもの関わり方は、当然ながらかつての子どもによる突発的な流行現象のころにくらべると、町の行事となってからは変化をしている部分もあろう。

二　近世と近代の間

近世から近代・現代にかけての変容のうち、もっとも顕著なものはやはり呼称の変化であろう。林英一は近代初頭の地蔵撤去令などにより、近世に行われていた「地蔵祭」「地蔵会」が断絶し、明治半ば以降に「地蔵盆」が行われるようになったとしていた。ここでは、近世の「地蔵祭」「地蔵会」と「地蔵盆」の間には「連続性がないことになる」としている〔林英一　二〇〇八〕。断絶を重視し、祖先供養を中心とした行事に代わって、地蔵の前で子どもたちが主体の行事としての側面を踏襲した「地蔵盆」として復活したという考え方だ。

先行研究での評価をふまえれば、地蔵盆・地蔵会の歴史と性格を考えるうえで、近世と近代の間の連続・非連続は避けては通れない重要な問題となるだろう。

呼称の問題に関していえば、明治二三年（一八九〇）に妙蓮寺前町で定められた規約のなかに、「旧例ニ依リ毎年八月盆会ト称シ町内ニ地蔵尊ヲ祭ルコト」とあり（「町中申固規約」）、明治二〇年代に地蔵尊を祀る行為を「盆会」といっていたことがわかる。こうした、地蔵会から地蔵盆へと変わっていく時期に「盆会」という過渡的な名称が使われていたことは、呼称の面では連続性があったということを示唆しているだろう。

むしろ、近世・近代の連続、あるいは断絶について検討するうえで、必要になるのは実際にどの程度の断絶期間があったのかという量の問題と、その断絶が与えた影響という質の問題の両方である。

まず、最初に論ずるべきは近世と近代の間に横たわる時間的な断絶、すなわち「量」の確定であろう。明治四年(一八七一)の地蔵堂の撤去令が一〇月のことだから、その年の地蔵会に影響はなかったものとみられる。明治五年(一八七二)から休止したとして、盂蘭盆会などの禁止令が撤回されるのが明治一六年(一八八三)の七月で、その年には各地で次第に再興が進んでいくから、中断期間は一一年ということになる。

早いところでは、明治一四年(一八八一)の知事交代から再開したところもあったようだし、再興が遅れるところもあっただろうから、その間は町によってもばらつきがあろうが、まずは一〇年前後ということになるだろう。

次は、この約一〇年間をどう評価するかという「質」の問題である。第四章で詳しく見てきた真町でもそうであったように、中断期間に道具類を手放してしまっており、ふたたび以前と同じ物を揃えることが簡単ではなかったとは考えられる。だが、行事についていえば、一〇年程度であれば人びとの記憶にもあるだろうし、記録も残っているだろう。復興にあたって中断以前の地蔵会に近づけることは必ずしも不可能ではなかったはずである。少なくとも、法令などの制度面では、衛生面を除いてそれを妨げるものではなかった。

むしろ、史料を見る限りでは、明治三五年（一九〇二）のコレラ流行が地蔵盆に与えた影響が大きかったのではないか。お供えものを「盛り物《もりもの》」と表現するところも多いが、地蔵会の際にはそれぞれが用意したものをお地蔵さまにお供えする。そして、その後でお供え物を調理して、町内の人びとが一緒に飲み食いをするのである。子どもたちへの小豆飯などのほか、大量にもち込まれていた素麵や南瓜、薩摩芋なども調理されて町内の人びとに振る舞われていた。

二条西洞院町では、明治一五年（一八八二）に地蔵会が復活すると、翌一六年（一八八三）には、「煮焚番《にたきばん》」を順番に決めて、素麵一軒・茶飯二軒・煮しめ二軒の計五軒で分担して手際よく料理ができるようにしてあった。集まったお供えなどを使って、下ごしらえをして少なからぬ人数の胃袋を満足させるだけの料理を用意するには、こうした分業制が必要だったのだろう。

『筆満可勢《ふでまかせ》』にあったように（第三章四）、再分配を簡単にするため餅にしている町もあったが、安政期の厳しい状況のなかで負担を減らしてでも煮しめなどの用意は欠かさないようにしようという規則が定められていた町もあった。地蔵会において供物を使って町内の人びとが飲食することは欠かすことのできない要素だったといえる。

現在では、町内の人が持参する「お供え」は金銭が一般的になっている。一方、お地蔵さまの祭壇にお供えする御膳や野菜などは、事前に当番が用意しておき、子どもたちに配る「お下がり」「ご供養」としてのお菓子やジュース、そして福引きの賞品は別に買っておく。お昼などは自宅に帰って食事をするところもあるが、町によっては準備の負担がなく配るのが容易だということもあって、ファーストフード店に人数分の注文をしておくところもある。

「お下がり」という言葉が使われることはあっても、お地蔵さまにお供えしたものを「お下がり」としていただくという実感はすでに稀薄であるといえるだろう。

このような、供物と「お下がり」の関係が絶たれるきっかけとなったのは、明治三五年(一九〇二)のコレラ流行にともなう共同飲食の規制であった。これ以降、供物の配布ではなく、子どもたちには玩具や文具、大人には生活雑貨などが配られるようになっていく。地蔵盆の楽しみのひとつである「福引き」などは、この延長線上に生まれたものであるといえるだろう。

また、コレラ流行にあたっては、拡大防止のための手段として交通遮断が行われていた。これにより、人の移動が減少すれば地蔵会・地蔵盆は基本的に町内で完結した内向きの行事になっていくだろう。外部の人に見られるものではなくなれば、造り物のような、他者に見せることを意識した手間と費用のかかる行事は自然に衰退していくことにもなるだろう。

地蔵会・地蔵盆の姿を変えた要因としては、近世・近代の断絶よりも、このような近代初頭の防疫にかかる施策の方が大きかったのではないだろうか。

三　地蔵会・地蔵盆の祭祀

近世と近代の間には、先行研究でいわれていたような断絶ではなく連続性があったとみなすのであれば、次なる問題は近代以降の地蔵盆を「先祖供養優位の行事とは別の行事」とする議論の再検討である。

先行研究では、地蔵盆は精霊を追善供養する祖霊祭とする見解〔森成元　一九九六〕もあるが、地蔵を祀る行事であるとし、先祖供養ではないとする見解も根強い〔林英一　一九九七〕。京都に関して見れば、清水邦彦も指摘しているように、五山の送り火が一六日に行われており、すでに祖霊は帰っていることになる。清水は、地蔵盆が死者供養のように見えるのは死者供養の要素をもっていた六地蔵めぐりを模倣したからであるとみている。

地蔵盆はあくまでも「今年も地蔵さん、子供を守って下さい」と地蔵を祀るものであるという立場である〔清水邦彦 二〇一一b〕。だが、地蔵会が寛永一五年(一六三八)に子どもたちの間で始まっていたとすれば、地蔵会の方が六地蔵めぐりの再興に先行する可能性もある。地蔵盆が六地蔵めぐりの模倣であるから死者供養のように見えるのだという見解には、再考の余地もないわけではない。

地蔵会は、そもそも初発時点の様子を記録したものと考えられる『反古集』の段階で「此五月ニモ盆ヲ待兼《まちかね》候テ、辻々ニテ祭ヲ見事ニ致候」とあり、「盆ヲ待兼」――つまり本来なら盆を待って行うべきものだと考えられていた。意識としては、最初から盆行事の一環と見られていたと考えられないだろうか。

『日次紀事』に見えるように、当初から百万遍念仏などが行われていて、宗教的な色合いがあったことはいうまでもない。しかし、腹帯町のように僧侶を呼ぶことなく、町の「顔役」による廻向が行われるにとどまるところもあり、必ずしも専門的な宗教者の関与はなかったようでもある。

問題は、その祭祀の対象である。誰に対する供養がなされているのだろうか。地蔵尊なのか、それとも先祖などの霊であろうか。

現在では、地蔵盆の祭壇に町内の「先祖代々」の位牌や過去帳が置かれたり、戒名を書

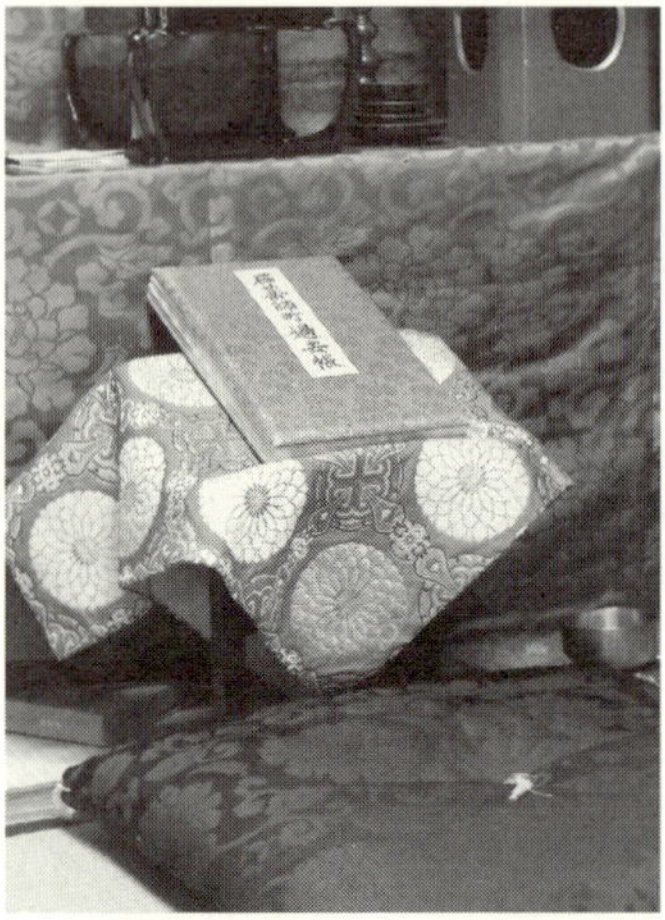

図41　地蔵盆での町の過去帳（上京区）

図40　地蔵盆祭壇の位牌（中京区）

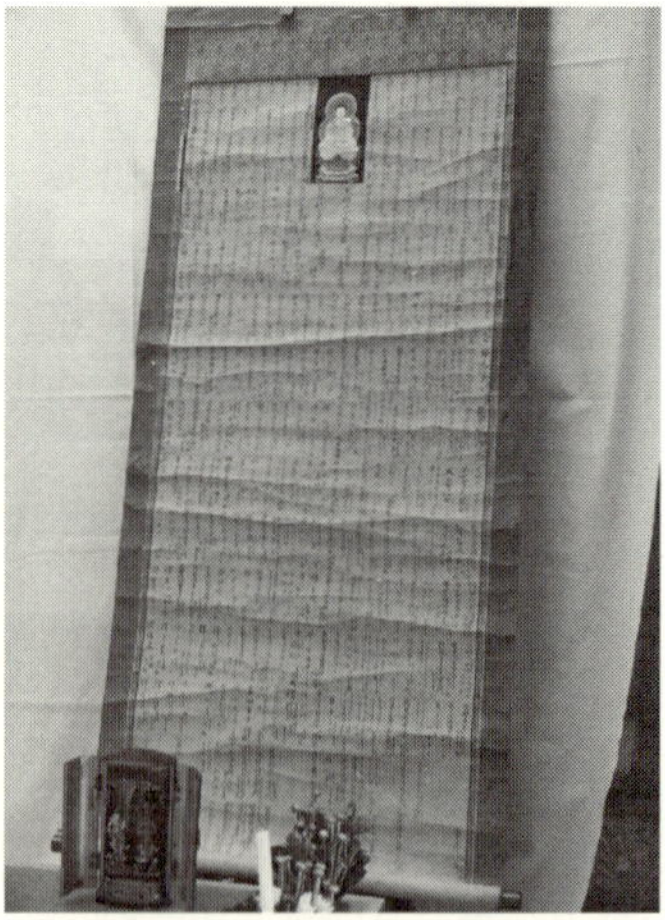

図42　法名軸（上京区）

いた掛け軸がかけられたり、町内の物故者の戒名を書いた紙が貼り出されたりしていることもある。また、寄進された幕や荘厳具などに物故者の戒名が記されていることも少なくない。地蔵盆が、町内で亡くなった人たちの供養の場でもあるとはいえないだろうか。ただ、祀っているのは「先祖」かといえば、ことはもう少し複雑なのかもしれない。

京都の町において、直接の肉親だけでなく、買い取った屋敷地のそれ以前の所有者を「地主先祖《じぬしせんぞ》」と呼んで祭祀対象としている事例が報告されている〔村上忠喜 二〇〇〇〕。とすれば、地蔵盆で祀られているのも直接の肉親だけではなく、血のつながっていない町の先住者も対象になっていたのではないだろうか。

こうしたことをいうのには少し理由がある。西陣の笹屋町三丁目では地蔵盆の場に「永代町中家屋鋪《やしき》売買帳」という分厚い冊子が出されていた〔京都の「地蔵」信仰と地蔵盆を活かした地域活性化事業実行委員会 二〇一四〕。これは安政六年(一八五九)から昭和九年(一九三四)にかけて、町でいつ誰が町内の不動産を購入し、どれだけの祝儀を町に支払ったかを記録した横帳なのである。江戸時代の京都では、不動産の売買や賃貸にあたっては家屋敷の所有者だけでなく、当該町の承認も必要としていた。多くの町には居住者の職業などについての厳しい取り決めがあり、町に住むことが認められれば町へ祝儀を出していた。この帳面は、町内の不動産売買に際して町が作成した記録である。

図43　上京区の地蔵盆、扇風機の前に「永代町中家屋鋪売買帳」がある

◀図44　「永代町中家屋鋪売買帳」

筆者が笹屋町の地蔵盆を訪れたのは、二〇一三年と二〇一六年の二度だが、二度とも同じ帳面が、ただ一つだけ地蔵盆の場に出ていた。なぜ「永代町中家屋鋪売買帳」だけなのか。

現地で、この冊子を「過去帳」と呼んでいるのを聞いた。これは不動産の売買の記録であって、内容からいっても「過去帳」と呼ぶのは腑におちない。「過去帳」という呼称が町内で一般的なことなのかどうか未確認だが、地蔵盆の時にこの冊子だけが出されているのには意味があるのかもしれない。

町の屋敷を売買した記録は、単なる不動産の所有者変更の記録にとどまらない。かつて、この町内に家屋敷をもっていた人の記録である。現在の居住者の先祖たちだけでなく、「地主先祖」のように、すでに家屋敷を売って転出した人であっても祭祀対象となるのであれば、この「永代町中家屋鋪売買帳」は祭祀する必要のある町の住人名簿でもある。そうした意味で、確かに「過去帳」としての意味あいもあるといえよう。

現在、地蔵盆の場に町内物故者の戒名を記した掛け軸をかけているところもある。ある町では、掛け軸に記されている古くからの家はほとんど転出しており、現在は町内にいないといっていた。つまり、現在の町に住んでいる人にとっては、直接の関係のない人たちの戒名を記した軸がかけられて町で祀られているのである。

地蔵盆の際の荘厳具や幕などの裏に寄進者の親族の戒名が書かれていることも見かけるが、これも寄進者の子孫がその町に現在もいるかどうかはわからない。場合によっては、現在は町にいない人の先祖や家族を、町が地蔵盆の場で供養しているということになるのかもしれない。

このように考えると、地蔵盆とは町内で亡くなった人――それは、現在の町住人の肉親や先祖だけではなく、転出者も含めて町にこれまで住んでいた人の霊を町で祀っているということができるだろう。

こうした有り様は当初からのものなのか、あるいはある時点から始まったものなのか。

これについて考えるうえで示唆に富む史料がある。上京の上立売《かみたちうり》堀川の東、芝薬師町の会所に関する記録である。この町では、紋屋金七夫婦の屋敷が町に寄進されて町会所となっていた。記録によれば、夫婦には跡取りとなる息子がおらず、二人の死後はあとを弔ってくれる人もいない。そこで、無縁となることを懸念した二人が、死後に町に屋敷を寄進して会所とする。その代わりに町の人に忌日に供養をするよう依頼しておいたという。

二人の屋敷は、町の会所として使われ、彼らの供養も近世を通じて望み通りに続けられていたようだ。その後、明治七年（一八七四）から記され始めた「彼岸有志簿」の冒頭には、次のように書かれている。

享和のころ、当町内に紋屋金七・後家いそと申人、跡相続之実子無之候故、跡絶吊《とむら》ふ者とてもなく、無縁ニ相成候事を思ひ、地面壱ヶ所跡吊ひ之ために町中江譲渡被成候後、其吊ひの為に年毎の彼岸に御銘々の祖先之諸霊等入彼岸の志、又者《は》葬式の折からに者《は》殊ニ取込其中ニての供養等茂《も》御時節柄之事ニ候故、是等迄も被止メ被成、其かわりの有志と致し、それを一同ニ集て、例年に彼岸之節に先亡諸霊等に廻向供養等の志しを致畢

明治七年戌秋彼岸日

芝薬師町浄財有志中
但し霊名軸物外ニ添書共ニ町内之箱ニ入置候
（「芝薬師町文書」D7）
少し意味が取りにくいが、会所として寄進された紋屋金七夫婦の屋敷では彼岸や町内での葬儀の際にあわせて二人のための供養も行われていたが、「時節柄」そうしたことを続けるのも難しくなったという。そこで、有志を募って、毎年の彼岸に寄付を集め、寄進者が一緒になって「先亡諸霊等に廻向供養等」をしようということになったらしい。
この帳面は、彼岸会《ひがんえ》に先だって寄付を募るためのもので、毎年何人かの戒名が記されているから、町内で寄付に応じる人が少なくなかったようだ。彼岸の際に有志が集まってお金を出し、自分たちの身内とともに紋屋金七夫婦を合同で供養をしていたようである。帳面は明治二一年（一八八八）まで使用され、翌二二年（一八八九）に新しい「彼岸有志簿」が作成されている。この冒頭にも、同様に経緯を示した文章が掲載されている。煩瑣になるが、重複を恐れず引用しておこう（傍線は引用者）。
享和年之比、町内ニ井上金七・後家之いそと申仁、跡相続人無之事を思ひ、地面壱ヶ所町内中江寄附致被置候ニ付、年毎の入彼岸之御忌之其外、葬式等折柄御取込中供養等御止メ被成、其替リニ御有志成被下、夫を一同ニ集メ地蔵会之節ニ御銘々之御先祖之御廻向供養等志を致し候也

但シ霊名掛軸等致シ其外添書共ニ町内之箱ニ入御座候事

明治七年改

明治弐拾二年　芝薬師町

浄財有志中

紋屋金七宿坊百万遍中善導寺也、宿坊無住ニ付代理養源院勤候

（「芝薬師町文書」D8）

明治七年（一八七四）のものと明治二二年（一八八九）のものは、ほとんど同じ内容であるといっていい。ただ、ここで注意をしておきたいのは前者では「彼岸」の際に町内で寄付を集めて一緒に亡くなった人たちの供養をするとあったのが、後者では傍線を引いたように「地蔵会」に変わっていることである。

明治一六年（一八八三）八月に「地蔵会幷ニ彼岸供養取越合併ニテ執行」とあるから、この時には八月の地蔵会の際に、翌月の彼岸会を繰り上げ（「取越《とりこし》」）て一緒に行っていた

ようだ。明治一六年（一八八三）といえば、京都府の布達により地蔵会が一気に復活していく時期だから、この芝薬師町でも地蔵会の復活にともなって、彼岸会での祖先供養を一緒に行うことが試みられたのであろう。実際には、「彼岸有志簿」を見ても、九月の彼岸会に単独で行われている年もあるので、地蔵会と彼岸会の合同開催が完全に常態化していたわけでもないようだ。ただ、集められた金銭に剰余が出た際には「地蔵会之節用ル」などとあり、町の意識としては次第に地蔵会と彼岸会は近しいものになってきていたことがわかる。

近世から明治七年（一八七四）までの段階では、町内における供養の場としては、彼岸会の方が優勢ではあった。しかし、明治一六年（一八八三）に地蔵会が復活した時に、彼岸会と地蔵会が接近していき、明治二〇年代には両者が行事としては次第に一体化している。

同様の事例は祇園祭で霰《あられ》天神山《てんじんやま》を出している天神山町でも知られている。民俗学の松崎憲三によると、町会所《ちょうかいしょ》に大日如来のお堂があり、地蔵盆の時には大日を祀るというから、大日会（大日盆）だったのだろう。この会所内の小さなお堂に普段は町内物故者の名簿とともに「音羽《おとわ》親子」の位牌が納められているという。位牌の厨子の記載から音羽家の当主が寛政五年（一七九三）に死去したことで家が断絶し、その遺志で家屋敷が町に寄付され町会所となったということだ。

天神山町では、春秋の彼岸には町内で揃って音羽家の墓参を欠かさず、地蔵盆の際には「家を超越したシンボルの先祖」として、町内各家々の先祖とともに祀られているそうである〔松崎憲三　一九九二〕。

数珠繰りの際に使う鉦や大日堂の手洗い石には明治一九年（一八八六）の年号があるそうなので、この大日堂での祭祀も明治初年には中断しており、盂蘭盆会禁止令の撤回とともに再整備されたのかもしれない。だが、寛政五年（一七九三）に死亡した音羽家当主を近代以降に祀り始めるというのも考えにくいだろう。

また、中野之町（下京区）でも、小石屋貞本という人物の家が「断絶」することを嘆き、宝暦六年（一七五六）に家屋敷を町に寄付していた。この町では、小石屋の旦那寺へ「二季付届ケ」とともに「先祖三人之年忌」に施物を出すことになっていた。こうした約束で引き取った以上、どんなに町が「難渋」になろうとも、決して小石屋の家屋敷を売り払ったりしないように、「年寄・五人組」が伝えていくことが、明和二年（一七六五）に定められた（「町内定」）。

芝薬師町・天神山町・中野之町のいずれも、春秋の彼岸が主で地蔵盆と結びつくのは遅れるのかもしれないが、地蔵会に祖先祭祀の要素がなければ地蔵会に収斂していくことはないだろう。
現在の住民の先祖だけではなく、過去の住民をも町が祭祀しているというのは町共同体を理解するうえで見落としてはならないのではないだろうか。

四　かつての町居住者への供養

現時点で居住している人たちの祖先だけではなく、かつて居住していた人たちまで祭祀の対象となったのはなぜなのであろうか。「地主先祖」について紹介した民俗学の村上忠喜は、家屋敷の売買証文が過去のものから貼り継がれて手継証文として伝わることで、かつての所有者の痕跡が目に見えるかたちで伝えられていることに注目し、文字の世界で生きてきた都市商人の特異性を指摘している〔村上忠喜　二〇〇〇〕。確かに、こうした文字の力も小さくないであろう。

とはいえ、地蔵会がなぜ一七世紀ころから一八世紀にかけて次第に行われるようになっていったのかを理解するためには、そのころの町のあり方も考えておかなければならないだろう。京都の盆行事として知られる五山の送り火が史料に現れるのも、一七世紀半ばになってからのことなのである。

歴史学・民俗学の研究者である高取正男は、都市では「祖先の霊はつねに無数の無縁仏のなかに存在し」ており、「祖先崇拝が隣家の不幸を無視したせまい範囲」にはとどまらず、「盆の行事が一面ではつねに公共性をもっていた」と指摘する〔高取正男　一九八二〕。都市は食料の自給ができず、人口も稠密《ちゅうみつ》なため災害による被害は甚大で、たとえ自分たちが生き延びたとしても、周囲には多くの人の死が存在しているからである。このように、個人単位、家単位で行われるべき盆行事が、共同体や近郊村落も巻き込んだかたちで行われるようになるのが近世の都市、京都の特徴といえるかもしれない。そして、近世の京都という都市がかたちを整えていくのが一七世紀なのである。

戦国期以降、上京・下京のごく限られた範囲にしか町並が広がっていなかった京都は、統一政権の誕生とともに急速に都市域を拡大していく。京都の町は数倍にふくれあがっていくが、新たに誕生した町は、数年の間に移住してきた住人によって構成された寄合所帯であり、借家人や日用（日庸）などきわめて流動的な層を抱え込んでいた〔横田冬彦　一九九三〕。このような寄合所帯をいかにまとめていくかは町にとっての大きな課題となっていただろう。

環境の変化は、従来からの町が広がっていた上京・下京においても居住者の流動性を促していく。こうした不安定化が、売家・貸家規制を中心とした町掟《おきて》の成文化を促していったことも指摘されている〔横田冬彦　一九九三〕。

近世の都市京都の町は、道路を挟んで向かい合った両側町によって構成されていることが多い。一七世紀の町において、家持町人たちの財産は家屋敷であり、それが商業活動をする際に抵当に入れられた。興味深いのは、家屋敷が抵当に入れられるとき、借入金額が請負人の資産を超える場合などは、その所属する町の家屋敷が抵当に入れられることになった。家屋敷は町の成員が共同で維持することで町の住民は信用を得ることができた。ある町に所属しているということが、ひとつの信用という資本であったという〔朝尾直弘　二〇〇四〕。こうした環境にあれば、家屋敷はその所有者のみならず、町共同体とも自然につながりをもつようになるだろう。

一七世紀中期以降、京都所司代《しょしだい》牧野《まきの》親成《ちかしげ》によって町が行政の基礎単位として位置づけられていく。毎月二日の寄合が義務付けられて借家層も含む会合が定期的に開催されるようになり、町運営のための施設として町会所が設けられ、責任者としての町年寄役が設定され、町会所で町の諸事務に携わる用人《ようにん》が出現するようになる〔杉森哲也　二〇〇八〕。一七世紀半ばといえば、まさに地蔵会が始まり、広がっていく時期である。

借家層も含む構成員が参加できる会合の場としての町会所の出現をもって、杉森は近世町共同体の到達形態として評価している。このような評価についての議論は措くとして、のちにしばしば地蔵会の場とされる町会所や、地蔵会の会場設営などの実務に関わる用人の登場がこの時期であることは記憶に留めておいてよい。

その後、次第に町の住民構成は変化をしていくことになるようだ。京都冷泉《れいせん》町の動向を分析した吉田伸之は、一七世紀の町は少なくとも形式的には平等性をもっていたが、一七世紀中頃から一八世紀までには家持層は減少していき、初期の町人が見られなくなるという。そして、有力町人が屋敷地を集積し、次第に不在地主の家屋敷に家守が入るようになっていくとされている〔吉田伸之　一九九八〕。

一七〜一八世紀、町では住民が目まぐるしく変わっていき、家屋敷の居住者も次々と入れ替わっていった。

吉田伸之は、こうした時期にあたる享保一七年（一七三二）に冷泉町の新興有力町人の屋敷で起こった妖怪の出現という事件を紹介している。吉田は、新興町人の勃興によって町を立ち去ることを余儀なくされた初期町人の象徴として「妖怪の怨念」が想起されたのではないかとしている〔吉田伸之　二〇〇二〕。一七世紀から一八世紀にかけて、町の住民構成が変化している過程で、少なからぬ人が町を去らねばならなかっただろう。なかには、経済的な没落など不本意なかたちでの退去も少なくなかったはずだ。

そんななか、家屋敷を売却して町を離れた人は、かつて自分たちが住んでいた家屋敷に思いを残さなかっただろうか。
　これは京都の話ではないのだが、寛文元年（一六六一）に刊行された『因果物語』（片仮名本）に、このような話がある。ある女性が病気になり、どうにも治らないので巫女を呼んで口寄せをした。すると、次のように語り始めた。

　我ハ百五十年前ニ。此屋布《やしき》ヲ取立タル主也。死シテヨリ此方。世界ニ居所ナク。餓鬼ノ苦ヲ受ル也。便ル処ナキ故ニ。此屋布ヲ便リニ。此女ニ付タリ。

　つまり、一五〇年前に死んだ人が餓鬼道に堕ちて苦しんでいる。「世界ニ居所ナク」というから、おそらく供養する子孫もすでにいないのであろう。そうした時、彼は自分が取立てた屋布（＝屋敷）をたよりに女に取り憑いて、人びとにメッセージを伝えようとしている。死後もこうして自分が取り立てた家屋敷を拠り所としているとすれば、その屋敷を買得した人も、かつての所有者のことを意識せざるを得ないだろう。先の冷泉町のように「妖怪」になって、新しい居住者に不幸をもたらすかもしれない。
　こうして、町の構成員が変化しつつあった一七世紀から一八世紀、町では現時点での住民の肉親だけではなく、これまで家屋敷に住んでいた人もまた、町でともに祀るべき対象

（「祖先」のひとつ）として意識されていったのではないだろうか。

貞享三年（一六八六）開板の『百物語評判』には、石仏の怪異とされる事件について、「其の妖をなせる物は石仏にはあらず。其のとぶらはるべき子孫もなき、亡者の妄念によりて、天地の間に流転せる亡魂、時に乗じ気につれて、或ひは瘧《おこり》の鬼となり、又は疫神ともなりて、人をなやまし侍るなるべし」とする見解が述べられている。

また、興味深いことに「世に瘧疾《ぎゃくしつ》、疫癘《えきれい》はやり侍《はべ》る時は、道端に捨てられたる石仏を、縄もてしば」るまじないの存在を伝えている。石仏の祟りや疾病の流行が供養されざる死者によるものだという認識があったとすれば、都市で疾病などの災害が流行した際に、祖先以外の無縁仏もまた供養をし、祟りを鎮めるための行事として、たとえ最初は子どもたちが突発的に始めたものだとしても、町全体で「道端に捨てられたる石仏」を祀る行為が起こる土壌は十分あったといえるだろう。

折しも近世始まって以来の大飢饉、寛永の大飢饉が襲う。盂蘭盆会から間もない時期に行われる地蔵祭が、当初は子どもを中心として実施された臨時の流行現象であったとしても、次第に共同体の安全を祈る共同行事として受容され、維持されていくのは、こうした時代状況のなかで、現在の住民だけではなく過去にまでさかのぼって町住民の祖先やさらには無縁の死者まで供養し、町の安全を祈願するという「公共性」をもった行事のひとつとして受けいれられたからということができるかもしれない。

次第に町は家守―家主・借家人―店子からなる擬制的な「家」として編成されていくともいわれている〔吉田伸之　一九九八〕。借家人層も地蔵会へ費用負担が求められていくのも、こうした擬制的「家」構成員とみなされていくがゆえであろう。地蔵会は、いわば擬制的な「家」としての町が、共通の「先祖」を祀る行事でもあったということになる。

なお、ここでいう「先祖」とは、柳田國男が想定していたような抽象化されて個性をもたない「先祖」ではない〔柳田國男　一九六九〕。地蔵盆の場に掲げられる何人もの戒名を記している掛軸や「過去帳」を見ればわかるように、ここでの祭祀対象は、固有名を失ってはいない。過去に町の家屋敷にいた無数の住人たち個々の霊である。

もっとも、こうした家屋敷を介して祭祀の対象となっていた「先祖」は、町のすべての住民ではないことにも注意が必要である。町に居住していたとしても、家屋敷を持っていないような奉公人や裏店の借家人たちの「先祖」は、対象にならない。

ただし、こうした都市の下層に生きていた人びとは、民俗学で想定されているような抽象化された個性をもたない「先祖」を意識することはなく、より具体的で身近な自身の記憶の範囲内にある親や夫・妻といった死者への追憶主義的な供養を行っていたという指摘がある〔西木浩一　二〇〇六〕。地蔵会に幾ばくかの寄付をして参加した借家人は、「先祖」

ではなく、身近な親族の供養の場としてとらえられたのではないだろうか。

つまり、京都の町で行われていた地蔵会は、家屋敷を所有していた人びとによる家屋敷を介した過去の住人を含む「先祖」に加え、借家人たちをはじめとした人びとの追憶主義的な身近な死者への供養を包摂しながら、町共同体の行事として維持されていたといえよう。

過去の居住者の魂まで対象とした町による共同祭祀であることは、町に新たに加わり、「先祖」をいまだもたないような人びとにとっても、家屋敷をもっている以上は参加が義務付けられるものとなるだろう。

死後まで町の管理下に置かれるとすれば、町の共同体規制の強さにいささかたじろがされるが、このような彼岸のつながりは不安定な都市の住民にとって必ずしも悪いことではなかったはずである。地蔵会が始まって普及を見る一七世紀から一八世紀、先に吉田伸之の研究で明らかにされたように、零細な町人の没落が相次ぎ住民構成が変わっていった。

さらに、歴史人口学の研究者である速水融は、江戸時代の農村部では一〇代以降は死亡率が減少するため幼児期を過ぎれば長寿に恵まれることも多いのに比べ、都市部では二〇～四〇歳代の死亡率も高く、年齢によらず「いつ死んでもおかしくなかった」と指摘している〔速水融　二〇一二〕。

目まぐるしい転変と経営の不安定さといつ死ぬかわからない環境は、都市生活者にとって死そのものに加えて、子孫による死後の供養を確信できないという二重の不安をもたらした。

そうした不安の受け皿として、一七世紀から一八世紀にかけて、念仏《ねんぶつ》聖《ひじり》や鉢叩《はちたた》きなどの民間を活動の場とする宗教者が町の人びとからの喜捨をうけて無縁仏の供養を請け負うようになっていた〔村上紀夫　二〇一一、二〇一三〕。また、貧困層を中心とした相互扶助組織としての念仏講が結ばれたり、火葬施設での積立金制が設けられるなど、都市生活者の死後の不安をうけたさまざまな対応が行われていた〔村上紀夫　二〇一六a〕。

このような潜在的な不安に対して、町が住民の死後も供養をする場を設けるとすれば、町で生活していた人びとにとってはいくぶんかは不安も和らいだことであろう。

出自や職種を異にする多様な人びとが居住する町にあって、地蔵会・地蔵盆が子ども、さらには行事を陰で支えている女性たちを介してつながる機会でもあるが、このような此《し》岸《がん》でのつながりに加えて、現時点での住人のみならず過去の居住者まで対象とした彼岸でのつながりも生んでいることになる。

五　地蔵盆がつなぐもの

一八世紀にいたり、従来のような資本・営業の保証機能は町共同体から同業者仲間や同族団が担うようになっていくが、むしろ町の自治的機能は高まっていき、町式目なども精緻化していくといわれている〔朝尾直弘　二〇〇四〕。

そもそも、町は出自を異にし、職種も異なる人びとの集まりである。こうした集団は、共通する歴史的背景をもっているわけでもないし、職種や経営規模によって望ましい将来像も変わってこよう。つまり、集団内で過去も未来も完全に共有することはできないのである。こうした、空中分解の危険性をはらんだ集団をひとつに結びつけるためには、何らかの結集の核を必要とする。

個々のイエの先祖とは別の「地主先祖」のような過去を町を介して共有し、そして子どもを通して未来を共有していたのであろう。地蔵会、そして地蔵盆は、彼岸《ひがん》と此岸《しがん》の両面で町を堅く結びつけるものだったのである。

例えば明治初年に近世的な共同体が解体の危機に見舞われ、明治一二年（一八七九）に郡区町村編制法の実施にともない各町に設けられていた戸長役場が廃止になり、学区単位に統合されていく。明治三〇年（一八九七）に住民組織としての公同組合が設置されるようになるまで、町の運営は任意となって公的な意味合いを喪失していく。

町の求心力が失われつつあるなかで、明治一六年（一八八三）ごろに町単位で実施される地蔵会・地蔵盆が急速に復活していったのは、町の紐帯《ちゅうたい》としての意味合いも期待されたのであろう。

また、戦時体制下において、地蔵盆が町内会において違和感をもたれることなく実施され続けたのも、挙国一致を掲げる国民精神総動員運動が進められていたなかで、ある種の役割を果たし得ていたからということになるのかもしれない。戦地に送り出された人たちの戦死の報が町に届くようになれば、町の死者を町で祀るという宗教的な側面もいっそう強く意識されることになっただろう。

こうした彼岸でのつながりによる参加を促す力は、必然的に多くの「地主先祖」を抱える歴史の古い町の方が強くなることは想像に難くない。現在の地蔵盆で新住民の多い地域や新興住宅地などで宗教性が比較的希薄になり、此岸——すなわち、子どもを介したつながりの側面が強調されている理由のひとつがここにあるのかもしれない。

また、戦後の民主化の風潮のなかで、こうした過去からの桎梏《しっこく》から解放されれば必然的に子どもを中心とした地蔵盆となる。これが、一部の人にとってはそれまでの姿とは異なった「娯楽中心」の地蔵盆と見えもしただろう。

一七世紀、近世のおとずれとともに始まった地蔵会は、都市のあり方や権力の意図の影響もうけながら、少しずつ変化をしてきていた。そうした意味で、京都における地蔵会・地蔵盆の歴史はすなわち京都という都市の歴史であるということもできるかもしれない。

いまや少子化が進むと同時に家族のあり方も多様化し、かつてのような永続を期待されるイエの制度も揺らいできている。町や共同体のあり方が変わっていく現在、地蔵盆は今後どのように変化していくのであろうか。

地蔵盆関係略年表

	和暦	西暦	事項
中世	応永二三年	一四一六	桂の地蔵をめぐる霊験の噂が広がり多数の参詣者が訪れる
近世	天正一九年	一五九一	秀吉が京都の外周に御土居堀を築く
	元和元年	一六一五	大坂夏の陣
	寛永一五年	一六三八	この頃、鈴木正三が地蔵会について記すか
	寛永二〇年	一六四三	寛永の飢饉。京都でも多くの餓死者が出る
	寛文二年	一六六二	中川喜雲の仮名草子『案内者』に「地蔵祭」が記される
	寛文八年	一六六八	この年に刊行された『浄家寺鑑』に地蔵会・六地蔵めぐりが見える
	元禄一〇年	一六九七	地蔵菩薩の霊験を数多く記す『延命地蔵菩薩経直談鈔』が刊行される
	宝永五年	一七〇八	宝永の大火
	享保五年	一七二〇	無人の辻に祀られた石仏に火を献じることを禁じる町触が出される
	享保一五年	一七三〇	西陣大火（西陣焼け）
	宝暦六年	一七五六	京都を訪れた本居宣長が「地蔵まつり」について書き留める
	天明元年	一七八一	『見た京物語』に木戸際ごとに地蔵が祀られていると記される
	天明八年	一七八八	天明の大火
	享和二年	一八〇二	京都を訪れた曲亭馬琴が「地蔵まつり」について書き留める

	文化元年	一八〇四	青蓮院門跡が地蔵石仏を建立し、地蔵会が始められる
	文化六年	一八〇九	上京区須浜町で井戸から石仏が発見され、地蔵会が始まる
	元治元年	一八六四	禁門の変にともなう大火で市中の大半が焼失
近代	明治二年	一八六九	柳池小学校開設。その後、小学校が相次いで開校
	明治四年	一八七一	京都府が石仏の撤去を命じる布達を出す
	明治五年	一八七二	京都府が盆行事の禁止を命じる布達を出す
	明治五年	一八七二	太陰太陽暦にかわりグレゴリオ暦に改められる
	明治一四年	一八八一	槇村正直にかわり北垣国道が京都府知事となる
	明治一六年	一八八三	京都府が盆行事の禁止を撤回する布達をし、地蔵会が復活する
	明治二八年	一八九五	第四回内国勧業博覧会が行われる
	明治三〇年	一八九七	住民組織としての公同組合が設置される
	明治三五年	一九〇二	伝染病予防法が出され、地蔵盆での供物の扱いが改められる
	昭和一五年	一九四〇	大政翼賛会が結成され、各地で町内会がつくられる
	昭和一九年	一九四四	京都製作所で工員が地蔵盆当日の半日休暇を要求して無断帰宅
現代	昭和二〇年	一九四五	敗戦。アメリカ軍が京都にも進駐
	昭和二九年	一九五四	有志による京都市地蔵盆連盟が結成される
	平成二六年	二〇一四	京都市が「京都をつなぐ無形文化遺産」に「京の地蔵盆」を選定

【参考文献】

青木博彦『大文字古記録の研究』（百科書林発行、北斗書房発売、二〇一四年）
秋元せき「北垣国道と『任他主義』（laissez-faire）について」（『京都市歴史資料館紀要』第一三号、一九九六年）
朝尾直弘『朝尾直弘著作集　第六巻　近世都市論』（岩波書店、二〇〇四年）
石田頼房『日本近代都市計画史研究』（柏書房、一九八七年）
今西一『メディア都市京都の誕生――近代ジャーナリズムと諷刺漫画』（雄山閣、一九九九年）
上田惟一「近代における都市町内の展開過程――京都市の場合」（岩崎伸彦ほか編『増補町内会の研究』御茶の水書房、二〇一三年）
氏家幹人『江戸の少年』（平凡社ライブラリー、一九九四年）
梅津次郎「絵巻解説」（真鍋廣済・梅津次郎共編『地蔵霊験記絵詞集』古典文庫、一九五七年）
大谷栄一編『京都の盆行事をフィールドワークする　佛教大学社会学部現代社会学科大谷ゼミ調査報告書一～三』（佛教大学社会学部現代社会学科大谷研究室、二〇一一～二〇一三年）
大塚活美「京都の造り物――江戸時代の資料紹介を中心に」（福原敏男・笹原亮二編『造り物の文化史』勉誠出版、二〇一四年）
奥野義雄「地蔵盆と念仏講」（『仏教民俗学大系　六　仏教年中行事』名著出版、一九八六年）
小栗栖健治『熊野観心十界曼荼羅』（岩田書院、二〇一一年）
勝田至「中世墓の諸相」（勝田至編『日本葬制史』吉川弘文館、二〇一二年）
加藤博史「京都府知事槇村・北垣の一断面」（『京都市歴史資料館紀要』第五・六号、一九八九年）

河内将芳『祇園祭の中世――室町・戦国期を中心に』（思文閣出版、二〇一二年）
川勝政太郎・佐々木利三編『京都古銘聚記』（スズカケ出版部、一九四一年）
河角龍典・原澤亮太・吉越昭久「中世京都の地形環境変化」（『中世都市研究一二　中世のなかの「京都」』新人物往来社、二〇〇六年）
京都の「地蔵」信仰と地蔵盆を活かした地域活性化事業実行委員会編『平成二五年度　京都の「地蔵」信仰と地蔵盆を活かした地域活性化事業報告書』（京都の「地蔵」信仰と地蔵盆を活かした地域活性化事業実行委員会、二〇一四年）
京都の「地蔵」信仰と地蔵盆を活かした地域活性化事業実行委員会編『平成二六年度　京都の「地蔵」信仰と地蔵盆を活かした地域活性化事業報告書』（京都の「地蔵」信仰と地蔵盆を活かした地域活性化事業実行委員会、二〇一五年）
清水寺史編纂委員会編『清水寺史』第二巻（法藏館、一九九七年）
小嶋博巳「石造物からみる近世の六十六部」（『日本の石仏』一四七号、二〇一三年）
小林丈広『近代日本と公衆衛生――都市社会史の試み』（雄山閣出版、二〇〇一年）
五来重『石の宗教』（講談社学術文庫、二〇〇七年）
五来重『五来重著作集第八巻　宗教歳時史』（法藏館、二〇〇九年）
笹原亮二ほか『ハレのかたち――造り物の歴史と民俗』（岩田書院、二〇一四年）
笹本正治『中世の音・近世の音――鐘の音の結ぶ世界』（講談社学術文庫、二〇〇八年）
清水邦彦「路傍の地蔵像の歴史的考察」（『宗教研究』八四巻四輯、二〇一一年a）
清水邦彦「京都の地蔵盆の宗教史的研究――祖霊観解明の一手がかりとして」（『比較民俗研究』二五号、二〇一一年b）

杉森哲也『近世京都の都市と社会』（東京大学出版会、二〇〇八年）
鈴木ひとみ「壺井地蔵」（千田稔他編『京都まちかど遺産めぐり――なにげない風景から歴史を読み取る』ナカニシヤ出版、二〇一四年）
平祐史『法然伝承と民間寺院の研究』（思文閣出版、二〇一一年）
高木博志『近代天皇制の文化史的研究――天皇就任儀礼・年中行事・文化財』（校倉書房、一九九七年）
高取正男「歳時覚書」（『高取正男著作集5　女の歳時記』法藏館、一九八二年）
多賀町教育委員会編『敏満寺遺跡石仏谷墓跡』（サンライズ出版、二〇〇五年）
竹田聴洲『竹田聴洲著作集第一巻　民俗仏教と祖先信仰（上）』（国書刊行会、一九九三年）
田中緑紅『緑紅叢書五〇　京のお地蔵さん　下』（京を語る会、一九七二年）
近石哲「地蔵盆行事にみる地域の特徴と相関――京都市北区と小浜市・舞鶴市の地蔵盆を事例として」（『年報非文字資料研究』第九号、二〇一三年）
近石哲「近畿地方（中央部～北部）にみる地蔵の彩色習俗――彩色（化粧）地蔵像分布と伝承の考察」（『年報非文字資料研究』第一一号、二〇一五年）
中世墓資料集成研究会編『中世墓資料集成　近畿編（1）』（中世墓資料集成研究会、二〇〇六年）
長尾智子・大場修・笠原一人「近代京都における地蔵安置の変遷」（『平成一四年度日本建築学会近畿支部研究報告集計画系』四二号、二〇〇二年）
中村武生『御土居堀ものがたり』（京都新聞出版センター、二〇〇五年）
西木浩一「江戸の社会と「葬」をめぐる意識――墓制・盆儀礼・「おんぼう」」（『関東近世史研究』第六〇号、二〇〇六年）
野地秀俊「京都『御千度』考――寺社参詣とコミュニティー」（『京都市政史編さん通信』第二六号、二〇〇

六年）
羽根田文明『維新前後仏教遭難史論』（国光社出版部、一九二五年）
林英一『地蔵盆――受容と展開の様式』（近畿民俗叢書11、初芝文庫、一九九七年）
林英一「明治政府の近代化政策と地蔵盆――地蔵盆の成立をめぐって」（『日本民俗学』二五五号、二〇〇八年）
早島大祐『首都の経済と室町幕府』（吉川弘文館、二〇〇六年）
速水融『歴史人口学の世界』（岩波現代文庫、二〇一二年）
速水侑『観音・地蔵・不動』（講談社現代新書、一九九六年）
福原敏男・笹原亮二編『造り物の文化史』（勉誠出版、二〇一四年）
福原敏男・西岡陽子・渡部典子『一式造り物の民俗行事――創る・飾る・見せる』（岩田書院、二〇一六年）
伏見のまちづくりをかんがえる研究会・子どもの生活空間研究グループ編『子育ての町・伏見――酒蔵と地蔵盆』（都市文化社、一九八七年）
ふるさとの良さを活かしたまちづくりを進める会編『京山科のお地蔵さん――山科の地蔵・地蔵盆調査報告書』（ふるさとの良さを活かしたまちづくりを進める会発行、二〇一五年）
文化庁編『日本民俗地図　1』（国土地理協会発行、一九六九年）
法政大学大原社会問題研究所『太平洋戦争下の労働運動』（労働旬報社、一九六五年）
牧田茂「地蔵盆とこどもたち」（池田弥三郎・牧田茂・三村幸一『化粧地蔵――こどもの神さま』淡交社、一九七三年）
松崎憲三「京都の町会所と地蔵信仰」（大島建彦編『民間の地蔵信仰』北辰堂、一九九二年）
松田道雄『京の町かどから』（朝日新聞社、一九六二年）

真鍋廣済『地蔵菩薩の研究』(三密堂書店、一九六〇年)
宮田登『江戸のはやり神』(ちくま学芸文庫、一九九三年)
明珍健二「梅忠町家屋敷絵図の復元と下京四番組」(『花園大学歴史博物館資料叢書　第四輯　梅忠町屋敷絵図研究報告』花園大学歴史博物館、二〇一四年)
村上忠喜「みやこのフォークロア――都市民俗学の今後」(八木透編『フィールドから学ぶ民俗学――関西の地域と伝承』昭和堂、二〇〇〇年)
村上紀夫『近世勧進の研究――京都の民間宗教者』(法藏館、二〇一一年)
村上紀夫『まちかどの芸能史』(解放出版社、二〇一三年)
村上紀夫「近世京都の火屋・寺・町――阿弥陀ヶ峰の火葬施設をめぐって」(『日本民俗学』第二八七号、二〇一六年a)
村上紀夫「近代初頭大阪における「地蔵」」(祭祀史料研究会編『祭祀研究と日本文化』塙書房、二〇一六年b)
森成元「近世の地蔵信仰」(真野俊和編『講座日本の巡礼　第一巻　本尊巡礼』雄山閣出版、一九九六年)
柳田國男『先祖の話』(『定本柳田國男集』第一〇巻、筑摩書房、一九六九年)
山路興造『京都　芸能と民俗の文化史』(思文閣出版、二〇〇九年)
山路興造「地蔵盆とお火焚き――地域共同体と子供たち」(『人権問題研究叢書一四　都の文化・光と陰――人権の視点から』公益財団法人世界人権問題研究センター、二〇一六年)
山田邦和「京都の都市空間と墓地」(『京都都市史の研究』吉川弘文館、二〇〇九年a)
山田邦和「考古学からみた近世京都の墓地」(『京都都市史の研究』吉川弘文館、二〇〇九年b)
横田冬彦「城郭と権威」(『岩波講座日本通史　第一一巻　近世一』岩波書店、一九九三年)

吉田伸之『近世都市社会の身分構造』（東京大学出版会、一九九八年）
吉田伸之『日本の歴史一七　成熟する江戸』（講談社、二〇〇二年）
「京にお地蔵さん何体？」（『毎日新聞』京都版、二〇一五年九月二九日）

【引用史料】

『案内者』（『仮名草子集成』第二巻、東京堂出版、一九八一年）
『為愚痴物語』（『仮名草子集成』第二巻、東京堂出版、一九八一年）
『因果物語』平仮名本（『仮名草子集成』第四巻、東京堂出版、一九八三年）
『因果物語』片仮名本（『仮名草子集成』第四巻、東京堂出版、一九八三年）
『延命地蔵菩薩経直談鈔』（渡浩一編『延命地蔵菩薩経直談鈔』勉誠出版、一九八五年）
『華頂要略』（京都府立京都学・歴彩館蔵）
『寛政重修諸家譜』第六（続群書類従完成会、一九六四年）
『看聞日記』（『続群書類従　補遺二　看聞御記　上』続群書類従完成会、一九三〇年）
『奇遊談』（『日本随筆大成』第一期第二三巻、吉川弘文館、一九七六年）
『京都滋賀新報』（京都府立京都学・歴彩館所蔵マイクロフィルム）
『京都新聞』西京新聞社（京都府立京都学・歴彩館蔵）
京都大学法学部日本法制史研究室所蔵文書（『史料京都の歴史　第五巻　社会・文化』平凡社、一九八四年）
『京都府布達要約　第二編下巻　明治十五年』（京都府調査掛編纂、一八八二年）
『京都坊目誌』（『新修京都叢書』第一七～二一巻、臨川書店、一九六七～七〇年）
『京都町触集成』全一三巻、別巻二（岩波書店、一九八三～八九年）

『京都冷泉町文書』全七巻（思文閣出版、一九九二〜二〇〇〇年）
『羇旅漫録』（『日本随筆大成』第一期第一巻、吉川弘文館、一九七五年）
『近畿歴覧記』（『新修京都叢書』第一二巻、臨川書店、一九七一年）
『月堂見聞集』（『近世風俗見聞集』第一・二巻、国書刊行会、一九一二、一三年）
『源平盛衰記』（『源平盛衰記（一）』三弥井書店、一九九一年）
「甲号達書」（京都府立京都学・歴彩館蔵「京都府庁文書」明治16-9）
『小島氏留書』（『京都雑色記録　三』思文閣出版、二〇一二年）
『後法興院記』（『増補続史料大成　第七巻　後法興院記　三』臨川書店、一九七八年）
『在京日記』（『本居宣長全集』第一六巻、筑摩書房、一九七四年）
笹屋町三丁目「記録帳」（京都府立京都学・歴彩館蔵「上京区西陣笹屋町三丁目町内共有文書」紙焼）
『山州名跡志』（『新修京都叢書』第一五・一六巻、臨川書店、一九六九年）
「三条油小路町西側町並絵巻」（京都府立京都学・歴彩館蔵）
「地蔵祭諸控」（京都市歴史資料館架蔵写真帳「二条西洞院町文書」9）
『地蔵盆・大日会ハンドブック』（粟津実著・財団法人霊山観音会刊行、一九五六年、京都府立中央図書館蔵）
「芝薬師町文書」（京都市歴史資料館架蔵写真帳）
「志水町御一新幷町記録」（京都市歴史資料館架蔵写真帳「志水町文書」D22）
下平野町「地蔵尊御厨子建立入仏記」（京都市歴史資料館架蔵写真帳「下平野町文書」3）
下平野町「地蔵尊略縁起」（京都市歴史資料館架蔵写真帳「下平野町文書」1）
『拾椎雑話』（『拾椎雑話・稚狭考』福井県郷土誌懇談会発行、一九七四年）

『浄家寺鑑』（佛教大学図書館蔵）
「真町文書」（京都府立京都学・歴彩館蔵）
『資益王記』（『改訂史籍集覧』第二四冊、史籍集覧研究会、一九六九年）
『続史愚抄』前・中・後編（『新訂増補国史大系』第一三〜一五巻、吉川弘文館、一九六六年）
『祖竹志』（『和歌山市史』第六巻「近世史料Ⅱ」和歌山市、一七七六年）
『大日本年中行事大全』（宮尾與男注解『諸国年中行事』八坂書房、一九八一年）
『高木在中日記』（『幕末維新京都町人日記』清文堂出版、一九八九年）
「茶磨屋町永代当町中要用帳」（京都市歴史資料館架蔵写真帳「茶磨屋町文書」D1）
「町中目方改」（京都市歴史資料館架蔵写真帳「吉水町文書」D2）
「町内地蔵尊出現由来記」（京都市『史料京都の歴史　第七巻　上京区』平凡社、一九八〇年、ただし京都市歴史資料館架蔵写真帳「須浜町文書」1によって訂正）
『徳川禁令考』前集第五（創文社、一九五九年）
『宿直草』（『叢書江戸文庫　二六　近世奇談集成［一］』国書刊行会、一九九二年）
「長尾町地蔵尊縁起式帳」（京都市『史料京都の歴史　第七巻　上京区』平凡社、一九八〇年、ただし京都市歴史資料館架蔵写真帳「長尾町文書」によって訂正）
中野之町「町内定」（『叢書京都の史料　京都町式目集成』京都市歴史資料館、一九九九年）
西御門町「町式目改帳」（『叢書京都の史料　京都町式目集成』京都市歴史資料館、一九九九年）
『日要新聞』（中山泰昌編『新聞集成明治編年史』財政経済学会、一九三四年）
「花車町地蔵会出納簿」（京都市歴史資料館架蔵写真帳「花車町文書」E5）
「腹帯町永代記録帳」（京都市歴史資料館架蔵写真帳「腹帯町文書」）

『日次紀事』（『新修京都叢書』第四巻、臨川書店、一九六八年）
『百物語評判』（高田衛校注『江戸怪談集　下』岩波文庫、一九八九年）
『府県史料』（『日本庶民生活史料集成』第二一巻、三一書房、一九七九年）
『筆満可勢』（『日本庶民生活史料集成』第二巻、三一書房、一九六九年）
「古西町文書」（京都市歴史資料館架蔵写真帳）
『反古集』（鈴木鉄心編『鈴木正三道人全集』山喜房仏書林、一九六二年）
堀之内町「町則規約書」（『叢書京都の史料　京都町式目集成』京都市歴史資料館、一九九九年）
『本朝桜陰比事』（『対訳西鶴全集一一　本朝桜陰比事』明治書院、一九七七年）
「末世之はなし」（京都市歴史資料館架蔵写真帳「志水町文書」D-2）
『見た京物語』（『日本庶民生活史料集成』第八巻、三一書房、一九六九年）
妙蓮寺前町「町中申固規約」（『叢書京都の史料　京都町式目集成』京都市歴史資料館、一九九九年）
元中之町「行事記」（『叢書京都の史料　京都町式目集成』京都市歴史資料館、一九九九年）
『山城四季物語』（『民間風俗年中行事』国書刊行会、一九一六年）
『若山要助日記』（『叢書京都の史料　若山要助日記』上・下、京都市歴史資料館、一九九七・九八年）

【各章扉使用写真】

序　章　地蔵盆会場となっている町屋（上京区）／第一章　『地蔵尊一万躰印行感応記』（筆者蔵）／第二章　地蔵盆の様子（上京区）／第三章　地蔵盆の提灯（上京区）／第四章　飾り付けられたお地蔵さまの祠（上京区）／第五章　地蔵盆の提灯が並ぶ通り（上京区）／終　章　地蔵盆会場と幟（上京区）

あとがき

これは、私が常々お世話になっているある方から、お兄さんの体験として聞かせていただいた話である。

一九四五年の夏、「満洲」から引き揚げて舞鶴にたどり着いたその人は、故郷の東京に向かうためにまず京都へ向かった。とにかく京都に着きさえすれば、なんとかなるだろうという一心で、満員列車を何度も乗り継ぎ、大変な思いをしてようやく京都に着いた。ちょうどその時は地蔵盆の日で、車窓からは町にいくつもの提灯の灯りがともる景色が見えたという。戦災を免れた町並をやわらかく照らす光を見て、ようやく帰国することができたことを実感し、何ともいえない安堵の思いに駆られたそうだ。

京都の地蔵盆は町内の行事ではあるが、外から京都を訪れて予期せず地蔵盆を目にした人びとにも、時にその光景は強い印象を与えることがある。

私が初めて地蔵盆と出会ったのは、学生時代の夏休みに帰省先から下宿に戻る途中のことであったと思う。その時は夜も遅かったこともあり、子どもたちの姿は見えず、駐車場に張られたテントで大人がカラオケを熱唱していた。最初は、まったく事態が飲み込めなかった。それが地蔵盆というものだということを理解したのは、しばらく後のことだ。京都で生まれ育ったわけではない私にとって、地蔵盆は夏に町を歩いていると突然現れる風景であり、参加するものではなく外側からぼんやりと眺めるだけのものだった。

地蔵盆について、本格的に考えてみるようになったのは、二〇一三～四年度に、〝京都の「地蔵」信仰と地蔵盆を活かした地域活性化事業実行委員会〟のお仕事の手伝いをさせていただいてからだ。この事業では、京都府内で行われている地蔵盆や多様な盆行事の調査だけでなく、花園大学が行っていた京都の辻々にある「お地蔵さま」の悉皆《しっかい》調査にも参加させていただいた。

京都の実に豊かな「お地蔵さま」に触れてしまうと、調査以外の時間でも今まで気がつかずにいた「お地蔵さま」があちらこちらに祀られていることが気になるようになってきた。それから、時々は見かけた「お地蔵さま」や「祠」の様子を写真に撮っておいたり、気づいたことをノートに控えておくようになった。

ところが、いざ報告書を書くことになってみると、文献史学からの先行研究がほとんど存在しないことに気づいた。その時は、かろうじて目に触れた公刊されている活字史料などをもとに執筆をしたのだが、できあがったものは決して充分なものではなかった。

一度こうして「お地蔵さま」について関心をもってみると、町の「お地蔵さま」が気になるようになったのと同じように、あちらこちらの史料に顔を出している「地蔵尊」や「地蔵会」に関する記述も目に付くようになってきた。そうして少しずつ集まって来た史料をもとに、あらためて「地蔵盆」の歴史について考えてみたいと思うようになった。

ただ、私は地蔵盆を実体験として知っているわけではない。史料を通して眺めた地蔵盆は、京都の人が体験を通して知っている地蔵盆とは違ったものになるかもしれない。不安がなかったわけではないが、そんなときに聞かせてもらったのが、冒頭に紹介した引き揚げの時に見たという地蔵盆の話である。地蔵盆は京都の町の行事だが、その外側から見える地蔵盆にもまた意味がある。私の「地蔵盆」史執筆も、外からの「お地蔵さま」への関わり方のひとつと受けとめてもらうことはできないだろうか——そう割り切って、自分なりに史料に基づいた「地蔵盆」の歴史を再検討してみることにした。

そうしたなか、二〇一五年二月二二日に京都で「お地蔵さまサミット」(主催:京都の「地蔵」信仰と地蔵盆を活かした地域活性化事業実行委員会、共催:花園大学・京都府立総合資料館・京都市、会場:キャンパスプラザ京都)が開催された。ここでは、各地のグループや個人、団体などの地蔵信仰や地蔵盆に関連する取り組みの報告や展示、交流などさまざまな事業が行われ、会場は熱気にあふれていた。この「お地蔵さまサミット」では、シンポジウムに呼んでいただき、「近世京都地蔵信仰の諸相」と題して、初めて私自身の「地蔵盆」史の着想を少しお話しすることができた（この時の報告内容は、『京都の「地蔵」信仰と地蔵盆を活かした地域活性化事業報告書　平成二六年度』に掲載されている）。

その後、二〇一六年六月には日本宗教民俗学会大会でも「近代京都における地蔵会の復興」と題して本書第四章のもとになる研究発表をさせていただいた（『奈良大学大学院研究年報』二二号に掲載）。この二度の発表では、席上、あるいは報告の後に色々と貴重なご助言、そして有益なご批判をいただくことができたし、何よりあたたかいご意見の数々に接して、地蔵盆の歴史を語ることへの不安を少し払拭することもできた。

この日本宗教民俗学会での報告を聞いて下さっていたのが法藏館の戸城三千代さんと丸山貴久さんであった。戸城さんは、懇親会で、さらに二次会でも、「地蔵盆の歴史をまとめませんか」と熱心にすすめて下さった。いつか、地蔵盆の通史をまとめてみたいという気持ちはあったが、まだ遠い先のことのように考えていた。しかし、戸城さんに背中を押されて、なんとなくその気になってしまったのである。

二〇一六年の夏期休暇期間を利用して、京都市歴史資料館や京都府立総合資料館にある地蔵盆に関する史料を集めながら、一気に原稿を書きあげていった。執筆が行き詰まると、史料に登場するお地蔵さまを探しに京都の町を何度も歩いた。折しも地蔵盆の季節である。

時には地蔵盆の最中にもかかわらず、いきなり地蔵盆の会場にお邪魔してお地蔵さまにお参りさせていただいたり、行事を見学させていただいたりもした。

地蔵盆はあくまでも町内の行事で公開されているわけではないから、突然の闖入《ちんにゅう》者に驚かれただろうが、嫌な顔もせず、どの町でも親切にむかえて下さったことは非常にありがたかった。こうした体験は、史料を読み進めていくうえでも大いに参考になったと思う。

草稿は秋ごろに完成し、年末年始を利用して手直しをして完成稿を作成することができた。その後は、法藏館の丸山貴久さんが、とても手際よく、かつ丁寧に作業を進めて下さった。決して読みやすいとはいえなかった拙稿が、いくらか読みやすいものになっているとすれば、ひとえに丸山貴久さんのお力によるものである。

それにしても、本書の執筆までには随分多くの方のお世話になっている。「お地蔵さまサミット」でご縁ができた、実に多様なかたちで地蔵盆や「お地蔵さま」と関わってこられた方々、地蔵盆の場で貴重なお話しを聞かせて下さったり、行事の様子や「お地蔵さま」の写真撮影などを快く許して下さった方々、そして毎年の夏にユニークな視点で地蔵盆をテーマとした刺激的な企画「タイルとホコラとツーリズム」を開催されているアーティストの谷本研さんと中村裕太さん――こうした人との出会いがなければ、地蔵盆への関心が持続することはなかったであろう。

また、本書で利用した貴重な史料をいくつも閲覧させていただいた京都市歴史資料館と京都府立総合資料館がなければ、本書を書きあげることなど不可能だった。京都市歴史資料館では、朝から何度も面倒な史料の出納をお願いし、大部の史料複写で随分ご迷惑をおかけした。京都府立総合資料館にも何度も足を運んだが、ついに九月の開館最終日まで史料確認のためにお世話になっていた。京都府立総合資料館は五〇年の幕を閉じて、新たに京都府立京都学・歴彩館となったが、こうした貴重な歴史史料に誰もが接することのできる施設が京都に存在している意義ははかりしれないものがあると思う。今後とも、この二つの施設にはご厄介を何度もおかけすることになるだろう。どうかご容赦いただきたい。

最後に、本書執筆にあたって「お地蔵さま」のお陰でご縁を結ぶことのできた方々と、本書を手にとって下さった皆様、そして私事にわたって恐縮だが愛媛の両親と毎度ながら拙著の校正に協力してくれている妻にも、すべての方に「お地蔵さま」のご加護がありますように。

二〇一七年三月二〇日

村上紀夫

村上紀夫（むらかみ のりお）

1970年愛媛県生まれ。大谷大学大学院文学研究科博士後期課程中退。博士（文学）（奈良大学）。現在、奈良大学文学部准教授。著書に『近世勧進の研究』（法藏館、2011年）、『まちかどの芸能史』（解放出版社、2013年）

京都地蔵盆の歴史

二〇一七年七月二四日　初版第一刷発行

著　者　村上紀夫

発行者　西村明高

発行所　株式会社　法藏館

京都市下京区正面通烏丸東入
郵便番号　六〇〇-八一五三
電話　〇七五-三四三-〇〇三〇（編集）
〇七五-三四三-五六五六（営業）

装幀　大杉泰正（アイアールデザインスタジオ）

印刷　立生株式会社　製本　清水製本所

ISBN 978-4-8318-6237-2 C0021